# SER MULHER
## & outros ensaios

# ANAÏS NIN

# SER MULHER
## & outros ensaios

*Tradução de* Bruno Alexander

Texto de acordo com a nova ortografia.
Título original: *In Favour of the Sensitive Man and Other Essays*

*Tradução*: Bruno Alexander
*Capa*: Ivan Pinheiro Machado. *Ilustração*: iStock
*Preparação*: Nanashara Behle
*Revisão*: Jó Saldanha

CIP-Brasil. Catalogação na publicação
Sindicato Nacional dos Editores de Livros, RJ.

N619s

    Nin, Anaïs, 1903-1977
        Ser mulher e outros ensaios / Anaïs Nin; tradução Bruno Alexander. – 1. ed. – Porto Alegre [RS]: L&PM, 2022.
        200 p. ; 21 cm.

        Tradução de: *In Favour of the Sensitive Man and Other Essays*
        ISBN 978-65-5666-336-4

        1. Ensaios franceses. I. Alexander, Bruno. II. Título.

22-81055                         CDD: 844
                                  CDU: 82-4(44)

Gabriela Faray Ferreira Lopes - Bibliotecária - CRB-7/6643

Copyright © 1976, 1975, 1974, 1973, 1972, 1971, 1966 por Anaïs Nin
Copyright renovado 1994 por Rupert Pole

Todos os direitos desta edição reservados a L&PM Editores
Rua Comendador Coruja, 314, loja 9 – Floresta – 90.220-180
Porto Alegre – RS – Brasil / Fone: 51.3225.5777

Pedidos & Depto. Comercial: vendas@lpm.com.br
Fale conosco: info@lpm.com.br
www.lpm.com.br

Impresso no Brasil
Verão de 2023

# Sumário

**HOMENS E MULHERES**
O erotismo feminino.................................................... 9
A nova mulher ............................................................ 20
Anaïs Nin fala sobre ser mulher: uma entrevista ............... 29
Observações sobre o feminismo..................................... 37
Minha irmã, minha esposa ............................................ 44
Entre mim e minha vida................................................ 48
Mulheres e crianças do Japão......................................... 53
Por um homem sensível ................................................ 58

**LIVROS, MÚSICA E FILMES**
Sobre verdade e realidade............................................. 71
A história de minha prensa tipográfica ........................... 81
Um romancista no palco ............................................... 87
Fora do labirinto: uma entrevista ................................... 91
A Academia do Suicídio ................................................ 100
Miss MacIntosh, My Darling .......................................... 108
Um anjo na floresta ..................................................... 111
Edgar Varèse............................................................... 114
Na oficina de um diário ................................................ 119
Henry Jaglom: o mágico do cinema................................ 127

*Un Chant d'Amour* .................................................................. 131
Ingmar Bergman........................................................................ 133

## LUGARES ENCANTADOS
Fez: cidade dos labirintos ...................................................... 143
Marrocos................................................................................... 156
O espírito de Bali .................................................................... 163
Porto Vila, Novas Hébridas..................................................... 175
As andorinhas nunca abandonam Numeá............................ 185
Minha avó turca ....................................................................... 196

# HOMENS E MULHERES

# O erotismo feminino*

Segundo minha observação pessoal, eu diria que a mulher não fez a separação entre amor e sensualidade da mesma forma que o homem. Na mulher, os dois costumam estar interligados. Ou ela precisa amar o homem a quem se entrega ou ser amada por ele. Depois do encontro íntimo, ela tem que estar segura de que se trata de amor e que o ato da posse sexual faz parte de uma troca, ditada pelo amor. Os homens se queixam de que as mulheres exigem confirmações ou expressões de amor. Os japoneses reconheceram tal necessidade e houve um tempo em que valia a regra absoluta de que, após uma noite de amor, o homem devia escrever um poema e fazer com que fosse entregue à amada antes que ela despertasse. O que era isso senão a ligação entre ato amoroso e amor?

Creio que as mulheres ainda se ressentem do afastamento precipitado, da falta de um reconhecimento do ritual recém-terminado. Elas ainda precisam de palavras, de um telefonema, de uma carta, aqueles gestos que tornam o ato sensual especial, nada anônimo ou puramente sexual.

Trata-se de algo passível ou não de desaparecer na mulher moderna, decidida a negar todos os seus eus do

---

* Publicado na *Playgirl*, abril de 1974.

passado, e ela pode chegar à separação entre sexo e amor que, a meu ver, diminui o prazer e reduz a elevada qualidade do encontro sexual, uma vez que esse encontro é alimentado, elevado e intensificado por seu conteúdo emocional. Seria comparável à diferença entre um solista e o grandioso alcance de uma orquestra.

Estamos todas envolvidas na tarefa de descartar falsos eus, os eus programados, aqueles criados por nossa família, cultura e religião. É uma tarefa imensa visto que a história das mulheres foi contada da mesma forma incompleta que a história dos negros. Algumas culturas como a indiana, a cambojana, a chinesa e a japonesa tornaram sua vida sensual muito acessível e conhecida por meio de seus artistas masculinos. Por diversas vezes, ao desejarem revelar as facetas de sua sensualidade, as mulheres foram reprimidas. Não de forma óbvia como na queima dos livros de D.H. Lawrence, ou da proibição de Henry Miller ou James Joyce, mas numa depreciação extensa e contínua por parte dos críticos. De modo a contornar o preconceito, muitas mulheres recorreram ao uso de nomes masculinos em sua obra. Somente há alguns anos, Violette Leduc escreveu as mais explícitas, eloquentes e tocantes descrições do amor entre mulheres. Ela foi apresentada ao seu público por Simone de Beauvoir. No entanto, todo comentário que eu lia era um julgamento moral quanto à sua franqueza. Não havia julgamento moral em relação ao comportamento dos personagens de Henry Miller, tão somente uma objeção à linguagem. No caso de Violette Leduc foi sobre a personagem em si.

Em *A Bastarda*, Violette Leduc é totalmente livre:

Isabelle me puxou para trás, deitou-me sobre o edredom, e me ergueu mantendo-me em seus braços. Ela me retirava de um mundo onde eu jamais vivera para me lançar em outro que eu ainda não alcançara. Seus lábios entreabriram levemente os meus, umedecendo meus dentes. A língua carnuda me assustou, mas a estranha virilidade não forçou a entrada. Abstraída e calma, esperei. Os lábios dela deslizaram sobre os meus. Meu coração batia forte demais e eu queria prolongar a doçura da impressão, a nova sensação roçando meus lábios. Isabelle está me beijando, pensei comigo. Ela traçava um círculo em volta da minha boca, detinha a inquietação, deixando um beijo fresco em cada canto, dois staccatos sobre meus lábios. Em seguida, ela pressionou a boca na minha mais uma vez, deixando-se ficar ali. [...] Ainda estávamos abraçadas, cada uma querendo ser engolida pela outra por inteiro. [...] Enquanto Isabelle estava ali, deitada sobre meu coração escancarado, eu queria senti-la penetrando-o. Ela me ensinou a abrir-me como uma flor. [...] Sua língua, sua pequena chama, amaciou meus músculos, minha carne. [...] Abriu-se uma flor em cada poro da minha pele. [...]

Temos de extravasar essa autoconsciência. As mulheres não devem mais imitar Henry Miller. Não há problema algum em tratar a sensualidade com humor, com imagens grotescas, com obscenidade, mas essa é outra forma de relegá-la às áreas fortuitas e sem importância da experiência.

As mulheres têm sido desestimuladas a revelar sua natureza sensual. Quando escrevi *Uma espiã na casa do amor* em 1954, críticos sérios qualificaram Sabina como ninfomaníaca.

A história de Sabina conta que, nos dez anos de vida conjugal, ela tivera dois amantes e uma amizade platônica com um homossexual. Era o primeiro estudo sobre uma mulher tentando separar amor de sensualidade, tentando buscar a liberdade sexual, como o homem faz. O livro foi taxado de pornográfico na época. Um dos trechos "pornográficos":

> Eles fugiram aos olhos do mundo, aos prólogos proféticos, duros e ovarianos do cantor. Desceram pelos degraus enferrujados da escada até os subterrâneos da noite, propícios ao primeiro homem e à primeira mulher do princípio do mundo; onde não havia palavras conquistadoras, nem música para serenatas ou presentes sedutores, sem torneios para impressionar e forçar um avanço, sem instrumentos secundários, enfeites, colares, coroas a dominar, mas somente um único ritual, o do deleite incontido da mulher trespassada pelo mastro sensual do homem.

Outra passagem do *Espiã*, rotulada de pornográfica pelos críticos:

> Suas carícias eram tão delicadas, quase uma provocação, um desafio fugaz que ela temia corresponder temendo que desaparecesse. Os dedos dele a provocavam, e se recolhiam, assim que a excitavam; a boca provocava a dela e se esquivava. O rosto e o corpo, próximos ao extremo, roçavam cada membro dela para, em seguida, desaparecerem na escuridão. Ele buscava cada curva e saliência em que pudesse pressionar o corpo esguio aquecido e, de repente, deitava-se quieto, deixando-a em suspense. Ao apossar-se de sua

boca, ele se livrava de suas mãos; quando ela reagia à pressão de suas coxas, ele deixava de exercê-la. Em nenhuma hipótese ele permitia uma fusão demasiada, mas degustava cada abraço, cada parte do corpo dela e, em seguida, abandonava-a, como que para somente acender a chama e, em seguida, escapulir da união final. Aquele provocante, cálido, trêmulo e fugaz curto-circuito dos sentidos, conforme ele se mostrara volátil e incansável durante o dia inteiro; e agora, à noite, com a luz do lampião da rua revelando a nudez de ambos, mas não os olhos dele, ela foi impelida a uma expectativa de prazer quase insuportável. Ele fizera de seu corpo um buquê de rosas de Saron, jorrando pólen, cada uma delas pronta para o prazer.
De tão adiado e tão provocado, quando o arrebatamento chegou, vingou-se da espera com um longo, extenso e profundo êxtase.

As mulheres revelam uma repressão persistente em suas confissões. No diário de George Sand nos deparamos com o seguinte incidente: Zola a cortejou e obteve uma noite de amor. Por ela se revelar totalmente desprendida sensualmente, ele deixou um dinheiro sobre a mesa de cabeceira ao sair, insinuando que uma mulher apaixonada era uma prostituta.

No entanto, se persistirmos no estudo da sensualidade feminina, encontramos aquilo que permanece ao final de todos os estudos: não há generalizações, mas tantos tipos de mulheres quanto o número de mulheres em si. Um ponto fica claro: os textos eróticos dos homens não satisfazem às mulheres; é hora de escrevermos os nossos, pois existe uma diferença entre as necessidades, as fantasias e as atitudes eróticas. Descrições explícitas ou linguagem crua não excitam a maioria das mulheres. Quando os primeiros livros de Henry Miller surgiram, previ que as mulheres gostariam deles. Achei que apreciariam a afirmativa honesta do desejo, que corria perigo de desaparecer numa cultura puritana. Elas, porém, não aceitaram a linguagem rude e agressiva. O *Kama Sutra*, o compêndio indiano da tradição erótica, enfatiza a necessidade de abordar as mulheres com sensibilidade e romantismo, sem o objetivo direto da posse física, preparando-as com a corte romântica. São costumes, hábitos e condutas que mudam de uma cultura para outra, de um país para outro. No primeiro diário escrito por uma mulher (datado do ano de 900), o *Conto de Genji*, de Lady Murasaki, o erotismo é sutilíssimo, revestido de poesia e concentrado em áreas do corpo que um ocidental dificilmente repara: a região da nuca despida entre o cabelo escuro e o quimono.

Há consenso quanto a uma única coisa: que as zonas erógenas na mulher estão espalhadas pelo corpo inteiro, que ela é mais sensível a carícias e que sua sensualidade raramente é tão direta ou imediata quanto no homem. Existe uma atmosfera de vibrações que precisam ser despertadas e que repercutem no desenlace final.

A feminista Kate Millett é injusta com Lawrence. O que quer que ele afirmasse ideologicamente, ela não foi sutil o suficiente para ver que em sua obra, onde o verdadeiro eu se revela, ele se preocupava muito com a reação da mulher.

Minha passagem favorita está em *O amante de lady Chatterley*:

> Então, conforme ele começou a se mover, no orgasmo repentino e incontido, novos e estranhos arrepios

despertaram-se, em ondas, dentro dela. Ondulando, ondulando, ondulando, como uma superposição agitada de chamas suaves, suaves como plumas, acorrendo para pontos brilhantes, algo inusitado, inusitado, derretendo-a por completo por dentro. Como se fossem sinos repicando num crescendo até o ápice. Ali, deitada, inconsciente dos gritinhos enlouquecidos, murmurados no momento final. [...] ela sentiu o suave apêndice dele remexendo-lhe por dentro, com ritmos estranhos inundando-a com um movimento rítmico crescente e estranho, inchando, inchando até preencher por completo sua consciência cindida, e então recomeçou o movimento indescritível que não era um movimento na realidade, mas puros turbilhões de sensações se aprofundando, enveredando cada vez mais fundo por todo o seu físico e consciência, até que ela se tornasse um fluido concêntrico perfeito de sensações, e ficou ali estendida, soltando gritos desconexos, inconscientes. A voz saindo das profundezas da noite, a vida!

É decepcionante descobrir, nos tempos de hoje, que o amor entre mulheres não adotou necessariamente formas mais sutis, mais sensuais de alcançar o desejo, mas procedeu com o mesmo ataque direto e agressivo dos homens.

Minha crença pessoal é de que a linguagem embrutecida como a que Marlon Brando usa em *O último tango em Paris*, longe de alcançar uma mulher, causa-lhe repúdio. Ela deprecia, vulgariza a sensualidade, expressa apenas como o puritano a via, ou seja, como baixa, maléfica e suja. É um reflexo do puritanismo. Ela não desperta o desejo, e bestializa a sexualidade. Acho que a maior parte das mulheres se opõe a ela por ser uma destruição do erotismo. Fizemos entre nós uma distinção entre pornografia e erotismo. A pornografia trata a sexualidade de forma grotesca para levá-la de volta ao nível animal. O erotismo desperta a sensualidade sem essa necessidade de animalizá-la. A maioria das mulheres com quem conversei sobre o assunto concorda que elas desejam desenvolver uma escrita erótica bem distinta da masculina. A postura dos homens escritores não atrai as mulheres. O caçador, o estuprador, aquele para quem a sexualidade é um impulso, nada além.

Ligar o erotismo à emoção, ao amor, à escolha de determinada pessoa, personalizar, individualizar, essa será a obra das mulheres. Será cada vez maior o número de autoras dispostas a escrever com base nos próprios sentimentos e experiências.

A descoberta da capacidade erótica da mulher e sua expressão terão lugar assim que as mulheres pararem com sua lista de queixas contra os homens. Se não gostam da caçada, da perseguição, cabe a elas expressar o que de fato gostam e o revelar aos homens, como fizeram nos contos orientais, as delícias de outras formas de jogos amorosos. Por ora, seus escritos são negativos. Só ficamos sabendo sobre o que não gostam. Elas repudiam o papel da sedução, do charme, de todos os meios de produzir a atmosfera de erotismo com que sonham. De que maneira um homem pode ao menos ter noção da sensibilidade de corpo inteiro da mulher quando ela se cobre de jeans, que faz com que seu corpo se pareça com o de seus amigos, aparentemente oferecendo uma única abertura para a penetração? Se é verdade que o erotismo da mulher está espalhado por todo o corpo, então seu modo de se vestir hoje é uma negação absoluta desse fato.

Ora, existem mulheres inquietas com o papel passivo atribuído a elas. Há mulheres que sonham em tomar, invadir, possuir como o homem faz. É a força libertadora da consciência que temos hoje de que gostaríamos de recomeçar e oferecer a cada mulher seu padrão individual, e não um generalizado. Gostaria que existisse um computador sensível, capaz de criar para cada mulher um padrão nascido dos próprios desejos inconscientes dela. Tal é a aventura estimulante em que estamos engajadas. Questionar todas as histórias, estatísticas, confissões e biografias, e criar nosso padrão individual próprio. Para isso, somos obrigadas a aceitar aquilo que nossa cultura negou por tanto tempo, ou seja, a necessidade de um exame introspectivo individual. Somente isso trará à tona as mulheres que somos, nossos reflexos, aquilo que gostamos e o que não gostamos, e prosseguiremos sem culpa ou hesitação, em busca de alcançá-lo. Existe um tipo de homem que vê o encontro sexual assim como nós, e há ao menos um para cada mulher. Mas, em primeiro lugar, temos de saber quem somos, os hábitos e as fantasias do nosso corpo, os ditames de nossa imaginação. Temos de identificar não só o que nos mobiliza, afeta e excita como também como chegar lá, como alcançá-lo; quanto a isso, eu diria que a mulher se conhece muito pouco. E, no final, ela tem de criar o próprio padrão erótico e de realização recorrendo a uma quantidade imensa de informações e revelações parciais.

O peso do puritanismo paira de forma ostensiva sobre a literatura norte-americana. É o que faz com que os escritores homens abordem a sexualidade como um vício baixo, vulgar, animalesco. Algumas escritoras imitaram os homens por não saberem que outro modelo seguir. Só conseguiram inverter os papéis: as mulheres se comportando como os homens, ou seja, fazendo sexo e indo embora pela manhã, sem uma palavra de ternura ou promessa de continuidade. A mulher virou o predador, o agressor. No entanto, isso, afinal, nada mudou. Ainda precisamos saber como as mulheres sentem, e elas terão de expressá-lo escrevendo.

Há mulheres jovens se reunindo para explorar sua sensualidade, para desfazer inibições. Uma jovem professora de literatura, Tristine Rainer, convidou várias alunas da UCLA para falarem sobre literatura erótica, para examinar por que eram tão inibidas para descrever seus sentimentos. O tabu era muito forte. Assim que tiveram condições de compartilhar suas fantasias, seus desejos, suas reais experiências, a escrita, também, se liberou. Essas jovens buscam novos padrões por entenderem que a imitação dos homens não conduz à liberdade. Os franceses conseguiram produzir uma escrita erótica muito bonita porque inexistia o tabu puritano, e os melhores autores recorreram à escrita erótica sem sentir a sensualidade como algo vergonhoso ou que devesse ser tratado com desprezo.

O ideal, aquilo que teremos de alcançar, é o reconhecimento da natureza sensual da mulher, a aceitação de suas necessidades, o conhecimento da variedade de temperamentos, e a atitude prazerosa em relação a ela como parte da natureza, tão natural quanto o desabrochar de uma flor, as marés, os movimentos dos planetas. A sensualidade como natureza, com possibilidades de êxtase e prazer. No dizer do zen, com possibilidade de satori. Ainda estamos sob uma regra puritana opressora. O fato de as mulheres escreverem sobre sexualidade não significa liberação. Elas escrevem sobre o assunto com a mesma atitude masculina de vulgarização e baixo nível. Não escrevem com orgulho e prazer.

A verdadeira liberação do erotismo está em aceitar o fato de que ele tem milhões de facetas, há um milhão de formas de erotismo, milhões de objetos próprios, situações e variações. Em primeiro lugar, temos de nos desfazer da culpa em relação à sua expansão e, em seguida, ficarmos abertas às suas surpresas, suas diversas expressões, e (acrescentando minha fórmula pessoal para o deleite total) fundi-la com o amor e a paixão individual por um determinado ser humano, e misturá-la com sonhos, fantasias e emoção para alcançar sua potência máxima. É possível ter existido uma época de rituais coletivos, quando a liberação sensual atingiu seu ápice, mas não estamos mais ligados a rituais coletivos, e quanto mais forte for a paixão por um indivíduo, mais concentrado, intenso e cheio de êxtase o ritual a dois se revelará.

# A nova mulher*

Que motivo leva alguém a escrever é uma pergunta que respondo com facilidade, dado o sem-número de vezes que já me questionei a respeito. Acredito que alguém escreve por precisar criar um mundo onde possa viver. Eu não teria como viver em quaisquer dos mundos que me foram oferecidos, ou seja, o mundo dos meus pais, o mundo da guerra, o mundo da política. Tive que criar um mundo só meu, como um clima, um país, uma atmosfera em que eu pudesse respirar, dominar e me recriar quando destruída pelo cotidiano. Creio ser esta a razão para todo trabalho artístico.

Só o artista é sabedor de que o mundo é uma criação subjetiva, que há uma escolha a ser feita, uma seleção de elementos. É uma materialização, uma encarnação de seu mundo interior. Então, ele espera atrair outros para esse mundo. Anseia por impor sua visão pessoal e compartilhá-la com os outros. E, quando esse segundo estágio não é alcançado, o artista corajoso, ainda assim, continua. Os breves momentos de comunhão com o mundo valem a pena, pois se trata, afinal, de um mundo para os outros, uma herança para os outros, um presente para os outros.

---

* Palestra proferida no evento Celebration of Women in the Arts, em São Franciso, em abril de 1974. Primeira publicação em *Ramparts*, junho de 1974.

Escrevemos também para elevar nossa própria consciência da vida. Escrevemos para atrair, para encantar, para consolar os outros. Escrevemos para enlevar nossos amores. Escrevemos para degustar a vida duplamente. Escrevemos, como Proust, para torná-la eterna, por inteiro, e para nos persuadirmos de que é eterna. Escrevemos para sermos capazes de transcender nossa vida, para ir além dela. Escrevemos para nos ensinar a falar com os outros, para registrar a jornada dentro do labirinto. Escrevemos para expandir nosso mundo quando nos sentimos sufocadas, tolhidas ou solitárias. Escrevemos assim como os pássaros cantam, como os primitivos dançam seus rituais. Se você não respira por meio da escrita, se não grita na escrita ou canta na escrita, então não escreva, porque é inútil para nossa cultura. Quando não escrevo, sinto meu mundo encolher. Sinto-me numa prisão. Sinto perder meu viço e minha cor. A escrita há que ser uma necessidade, como o mar precisa das ondas, é o que chamo de respirar.

Por séculos além da conta, as mulheres se ocuparam sendo musas para os artistas. E sei que vocês acompanharam no meu diário quando eu quis ser uma musa, ser a esposa do artista, mas eu estava, na verdade, tentando evitar a questão essencial, ou seja, que eu tinha de cumprir a tarefa por mim mesma. Em cartas recebidas de mulheres, descobri o que Rank havia descrito como uma culpa por criar. É uma doença muito estranha, que não atinge os homens, porque a cultura exigiu do homem a expressão máxima de seus talentos. A cultura o estimula a se tornar o grande médico, o grande filósofo, o grande professor, o grande escritor. Tudo é planejado para empurrá-lo nessa direção. Ora, o mesmo não foi solicitado às mulheres. Na minha família, assim como provavelmente na de vocês, era esperado que eu me casasse, que fosse uma esposa e criasse os filhos. Mas nem todas as mulheres são dotadas para isso e, por vezes, como D.H. Lawrence afirmou com bastante propriedade: "Não precisamos de mais crianças neste mundo, precisamos de esperança".

Portanto, isso é o que me disponho a fazer, adotar todas vocês. Baudelaire me disse há muito tempo que em cada um de nós existe um homem, uma mulher e uma criança; e a criança, sempre sofrendo. Os psicólogos sempre confirmam o que os poetas já disseram faz tempo. Até o pobre e caluniado Freud afirmou certa vez: "Aonde quer que eu vá, vejo que um poeta esteve ali antes". Assim, o poeta afirmou que temos três personalidades, e uma era a fantasia infantil que permanecia no adulto e que, de certa forma, faz o artista.

Quando falo tanto a respeito do artista, não me refiro apenas àquele que nos oferece a música, as cores, que nos oferece a arquitetura, a filosofia, que nos dá tanto e enriquece nossa vida. Refiro-me ao espírito criativo em todas as suas manifestações. Para mim, mesmo quando criança, e meu pai e minha mãe discutiam (meu pai era pianista e minha mãe, cantora), na hora da música tudo se transformava em paz e beleza. E nós filhos comungávamos no sentimento de que a música era algo mágico que restaurava a harmonia na família e tornava a vida suportável entre nós.

Ora, houve uma mulher na França, e conto aqui a sua história para mostrar como podemos transformar e inverter tudo para nos tornarmos criativos. Foi a mãe de Utrillo. Por ser muito pobre, viu-se destinada a ser lavadeira e doméstica. No entanto, ela morava em Montmartre à época de quase todos os maiores grupos de pintores jamais reunidos, e se tornou modelo vivo. Ao observar os artistas pintarem, ela aprendeu a pintar, tornando-se uma pintora destacada, Suzanne Valandon. O mesmo ocorreu comigo quando modelava aos dezesseis anos, por não ter profissão e não saber de outra forma de ganhar a vida. Aprendi com os pintores a noção de cor, que serviu para treinar minha capacidade de observação por toda a vida.

Aprendi muito com o artista dentro de mim que eu evocaria, criando algo do nada. Varda, por exemplo, ensinou-me que a colagem é feita de pequenos retalhos de tecido. Ele chegou a me fazer cortar um pedaço do forro do meu casaco porque gostara da cor e queria juntá-lo a uma colagem. Usando somente pedacinhos de pano e cola, ele criava lindíssimos jardins celestiais e fantasias de qualquer sonho possível. Varda é também aquele que me ensinou que uma cadeira deixada por longo período na praia fica descolorida, adquirindo uma tonalidade de beleza inimaginável, jamais conseguida com tinta.

Aprendi com Tinguely, que frequentava ferros-velhos e recolhia ali todo tipo de material e peças de máquinas e construía outras máquinas que viriam a ser críticas da tecnologia. Ele chegou a criar uma máquina que se suicidou, descrita por mim num livro intitulado *Collages*. Estou tentando dizer que o artista é um mágico, que me ensinou que não importa o lugar em que tiver sido colocado, sempre é possível escapar desse lugar, de alguma forma.

Ora, colocaram-me num lugar que vocês poderiam imaginar ser terrivelmente interessante, um subúrbio de Paris. No entanto, um subúrbio de Paris pode ser tão solitário quanto um subúrbio em Nova York, Los Angeles ou São Francisco. Eu tinha uns vinte anos e não conhecia ninguém na época, então recorri ao meu amor por escritores. Escrevi um livro e, de repente, me vi no mundo literário, artístico e boêmio dos escritores. E aquela foi a minha ponte. Mas, às vezes, quando me dizem tudo bem, mas você tem talento para escrever, minha resposta é que nem sempre esse tipo de talento é evidente.

Conheço uma mulher que começou sem nada, para mim uma grande heroína. Ela não frequentara o colégio dada a extrema pobreza de sua família e do número de filhos. A família morava numa fazenda em Saratoga, mas ela decidiu ir para a cidade de Nova York. Ali, começou a trabalhar no Brentano's e depois de pouco tempo disse-lhes que gostaria de ter a própria livraria. Riram dela, dizendo que estava completamente doida e que jamais sobreviveria ao verão. Ela economizara 150 dólares e alugou um espaçozinho no subsolo da região dos teatros de Nova York, aonde todos iam à noite após as apresentações. Hoje, essa livraria, além de ser a mais famosa de Nova York, a Gotham Book Mart, é o lugar onde todos querem promover encontros literários. Ela recebe visitantes do mundo inteiro, como Edith Sitwell, que foi vê-la quando esteve em Nova York, como Jean Cocteau e muitos outros. Nenhuma outra livraria nova-iorquina tem esse fascínio que vem dela, de sua humanidade e afabilidade, e pelo fato de que as pessoas podem ficar por lá e ler um livro sem que ela nem as perceba. Seu nome é Frances Steloff, e eu a menciono sempre que alguém se queixa de que é preciso uma habilidade especial para escapar de uma vida restrita, limitada e empobrecida. Frances tem agora 84 anos, uma bela senhora de cabelos brancos e uma pele impecável que desafia o tempo.

Foi o princípio da vontade criativa que admirei e aprendi com músicos como Eric Satie, que sobreviveu à inanição e usava suas composições para proteger o piano da umidade num quartinho de um subúrbio parisiense. Até Einstein, que duvidou da teoria do campo unificado de Newton, morreu acreditando no que agora está sendo provado. Digo isso como um exemplo de fé, e é sobre fé que quero falar. O que me manteve escrevendo, quando por vinte anos fui recebida com silêncio absoluto, é essa fé na necessidade de ser do artista, não importando o que aconteça, e mesmo que ninguém esteja ouvindo.

Não preciso falar sobre Zelda Fitzgerald. Presumo que todas vocês se lembram de Zelda, em como jamais teria enlouquecido se Fitzgerald não a tivesse proibido de publicar seu diário. É de amplo conhecimento que Fitzgerald disse não, que não poderia ser publicado, porque precisava daquele diário para sua própria obra. Para mim, isso foi o começo da perturbação de Zelda. Ela foi incapaz de se realizar como escritora e foi ofuscada pela reputação de Fitzgerald. No entanto, ao ler o livro dela, vemos que, em certo sentido, Zelda criou um romance muito mais original do que ele jamais conseguiu, algo mais moderno, num esforço para usar a linguagem de forma inusitada.

A história, muito à semelhança da ação do holofote, destacou tudo aquilo que desejava iluminar, e muitas vezes ignorou a mulher. Todas sabemos sobre Dylan Thomas. Poucas de nós, porém, conhecem Caitlin Thomas, que depois da morte do marido escreveu um livro que é um poema por si só e que, por vezes, supera o dele, por sua força, beleza primitiva, num verdadeiro despertar de sentimentos. Mas ela foi tão arrebatada pelo talento de Dylan Thomas que jamais valorizou minimamente os próprios escritos, até a morte dele.

Portanto, estamos aqui para comemorar as fontes da fé e da confiança. Desejo oferecer-lhes os segredos da alquimia constante que precisamos praticar para transformar latão em ouro, ódio em amor, destruição em criação, ou seja, para mudar as notícias embrutecidas do cotidiano em inspiração, o desespero em contentamento. Ninguém precisa interpretar isso como indiferença à situação mundial ou às ações que nos permitam deter a destrutividade do sistema corrupto. Há um reconhecimento de que, como seres humanos, precisamos de alimento para sustentar a vida espiritual, para que possamos agir no mundo, mas não quero dizer virar as costas. O que afirmo é que precisamos ganhar nossa força e nossos valores por meio do crescimento pessoal e da autodescoberta. Contra todas as probabilidades, todas as deficiências, contra a câmara de horrores que chamamos de história, o homem continuou a sonhar e a descrever o oposto. Eis o que temos a fazer. Não nos refugiarmos na filosofia, na psicologia e na arte, mas recorrermos a elas para restaurar a integridade de nossos eus despedaçados.

A mulher do futuro que, na verdade, está nascendo hoje, será uma mulher totalmente livre de culpa para criar e para se autodesenvolver. Será uma mulher em harmonia com a própria força, não necessariamente dita masculina, ou excêntrica, ou algo longe do natural. Imagino que ela estará bem tranquila com sua força e serenidade, uma mulher que saberá dirigir-se às crianças e aos homens que, às vezes, a temem. O homem tem se sentido desconfortável com essa evolução individual da mulher, mas não precisa ser assim, porque, em vez de ter alguém dependente, terá uma parceira. Terá alguém que não o fará sentir que diariamente deve ir à luta contra o mundo para manter esposa e filhos ou uma esposa infantilizada. A mulher do futuro nunca tentará se realizar através do homem, pressionando-o e levando-o ao desespero, para preencher algo que, de fato, ela deveria estar fazendo. Portanto, essa é minha primeira imagem: ela não é agressiva, é serena, segura, confiante, capaz de desenvolver suas habilidades, capaz de reivindicar um espaço próprio.

Meu desejo é que essa qualidade do sentido da pessoa, o sentido do contato direto com os outros, seja preservada pela mulher, não como algo ruim, mas como algo que poderia criar um mundo inteiramente diferente, onde a capacidade intelectual se fundiria com a intuição e com um sentido do pessoal.

Ora, quando escrevi o diário e produzi ficção, estava tentando dizer que precisamos tanto de intimidade quanto de um conhecimento profundo de alguns poucos seres humanos. Precisamos também da mitologia e da ficção que estejam um pouco mais distantes, e a arte sempre está um pouco mais distante do mundo inteiramente pessoal da mulher. Mas, quero contar a vocês a história de Colette. Quando seu nome foi sugerido para a Academia Francesa, considerada a mais elevada honra concedida a escritores, houve muita discussão porque ela não escrevera sobre a guerra, não tinha escrito sobre nenhum acontecimento grandioso. Escrevera somente sobre amor. Admiravam-na como escritora, por seu estilo, a saber, um dos melhores existentes, mas de alguma forma o mundo pessoal de Colette não deveria ter sido muito importante. E eu o avalio como extremamente importante, porque perdemos aquela intimidade e aquele sentido interpessoal que ela desenvolveu por ter sido mais reservada e menos ativa no mundo. Assim, a família era muito importante, o vizinho era muito importante e o amigo era muito importante.

Seria ótimo se os homens pudessem compartilhar isso, também, é claro. E eles o farão, no dia em que reconhecerem a feminilidade deles, algo que Jung vem tentando nos dizer. Certa vez me perguntaram o que eu sentia sobre homens que choravam e respondi que eu gostava dos homens que choravam porque era a demonstração de que tinham sentimentos. No dia em que a mulher admitir aquilo que chamamos de suas qualidades masculinas, e o homem admitir suas supostas qualidades femininas, significará que admitimos ser andróginos, que temos muitas personalidades, muitas facetas a realizar. Uma mulher pode ser corajosa, pode ser aventureira, pode ser tudo isso. E essa nova mulher que vem surgindo é muito inspiradora, é maravilhosa. E eu a amo.

# Anaïs Nin fala sobre ser mulher: uma entrevista*

**ENTREVISTADOR:** Causa-lhe surpresa sua redescoberta pelos jovens e seu poder como uma força junto a eles?

**ANAÏS NIN:** Os jovens, afinal, foram os primeiros a me procurar após meu retorno da Europa, no início da Segunda Guerra Mundial. Os jovens encontram em mim uma similaridade de atitude, ou seja, uma vida com os sentidos, a intuição, a magia, o uso da esfera psíquica, uma consciência de um conjunto diferente de valores. Encontram em mim um interesse essencial pela vida e pela intimidade, em se conhecer um ao outro. Quando faço palestras nas faculdades, falo sobre *furrawn,* uma palavra galesa que significa o tipo de conversa que leva à intimidade. Conversamos sobre a vida deles e coisas pessoais e, depois, eles se abrem comigo. Primeiro, fiquei imaginando por que desejavam que eu fizesse a palestra e agora me dou conta de que simplesmente queriam ver se eu era real.

**E:** Em seu livro polêmico, *Política sexual,* Kate Millett ataca seu amigo Henry Miller pela forma como ele, um escritor

---

* Publicado na revista *Vogue,* 15 de outubro de 1971.

homem, influenciou o nosso pensamento sobre sexo. Dada a sua intimidade com Miller e seu apoio a ele, sente que fez alguma concessão como mulher?

**AN:** De forma alguma. Ele era o meu oposto. Conforme registrei no meu diário, eu não gostava de sua atitude em relação ao sexo. No entanto, até Freud se comportava de forma inteiramente diferente com Lou Andreas-Salomé. Vejam, depende da mulher. Miller me tratava de modo diferente. Para mim, era cômica a sua aversão ao puritanismo. Ao deixar claros os seus apetites, ele mudou ambos, homens e mulheres. Acho que percebi Miller com nitidez, mas não sinto que agora deva atacá-lo ou defendê-lo. Miller contribuiu muito para remover as superstições puritanas de outros homens. Naquela ocasião, as mulheres eram inacessíveis, e ele as trouxe para mais perto. Tornou-as reais.

**E:** Uma vez você observou que não tinha "imitado o homem". Que papel os homens exercem na sua obra?

**AN:** Não, não imitei os homens. A meu ver, homens são o médico, o psiquiatra, o astrônomo, o astrólogo. Era do conhecimento deles que eu precisava. Segui os homens em tudo o que fosse criativo, mas sempre procurei fortalecer e revelar o padrão das mulheres. As mulheres eram meus padrões para a vida; os homens, para o pensamento. Aos treze, catorze anos, Joana d'Arc foi minha heroína. Afinal, ela partiu para a guerra por causa de um homem e não por si mesma. São tão poucas as mulheres que encontraram a verdadeira liberdade por elas mesmas. Penso em Ninon de Lenclos no século XVII e Lou Andreas-Salomé no século XIX. As pessoas emblemáticas e sua liberdade são importantes para a nova consciência. As mulheres precisam parar de reagir contra o que existe. Elas deveriam estar tornando a nova mulher bem clara para nós.

**E:** Para você, o que é a "nova mulher"?

**AN:** Na minha obra, eu havia retratado mulheres livres, o amor livre, mas o fizera sem alarde, e essas "novas mulheres" não foram percebidas. Não existe padrão para a nova mulher. Ela terá de descobrir o próprio caminho. Este é o trabalho a ser feito, mas de forma individual. As mulheres querem um padrão, mas não existe um padrão para todas.

**E:** Muito tem sido feito pelo Women's Liberation quanto ao preconceito de Freud contra as mulheres. Esses preconceitos a afetaram, na sua análise pessoal?

**AN:** Na verdade, não posso responder a essa pergunta. Não leio Freud há muito tempo, mas lembro, sim, do dr. Otto Rank, que me analisou em Paris, afirmando que nós, de fato, não entendemos a psicologia das mulheres, que as mulheres ainda não tinham articulado sua experiência. Os homens inventaram a alma, a filosofia, a religião. As mulheres têm percepções difíceis de descrever, ao menos em termos intelectuais. São percepções momentâneas produzidas pela intuição e a mulher acredita nelas. O que aborrece o Women's Lib, quanto a Freud, não me aborrece. A psicologia me ajudou. Senti profundamente a necessidade interna de mudar. As ideologias, como disse Rank, podem ter sido criadas pelos homens, mas eu usei apenas o que me era útil.

**E:** Por que o interesse ativo pelo erótico tem sido um tabu para as mulheres há tanto tempo?

**AN:** Os homens devem ter inventado o tabu. Lembro de Fellini, que dramatizou sua vida inconsciente em *8 ½*. Mas, quando filmou a vida inconsciente da esposa em *Julieta dos espíritos*, não lhe permitiu nenhuma aventura. Ela permaneceu uma mera espectadora. Para ele, a mulher só é pura mediante a fidelidade e a abstenção. D.H. Lawrence foi o primeiro a reconhecer que a mulher tem uma sexualidade, uma vida própria e que o encontro sexual pode partir da mulher. O erotismo é um dos meios básicos para o autoconhecimento, tão indispensável quanto a poesia. Mas, se uma mulher escreve abertamente sobre sua necessidade, por exemplo, Violette Leduc ou Caitlin Thomas, a viúva de Dylan Thomas, ela é execrada.

Eu sempre reconheci o apetite sexual e o destaquei em minha obra. Um dos meus livros foi intitulado *This Hunger* [*Fome de amor*]. Henry Miller trabalhou muito no sentido de dar fim à santificação das mulheres. Algumas mulheres, como os homens, dariam preferência a serem tratadas como objetos a serem santificadas. As mulheres não gostam de ser romantizadas ou idealizadas, assim como não gostam de ser insultadas ou humilhadas.

**E:** Quais os limites entre masculinidade e feminilidade?

**AN:** Tenho tentado diminuir as distinções. Queria mostrar todos os relacionamentos e estabelecer as conexões fluidas além do sexo. Encontrei na literatura mais descrições de obstáculos do que de relacionamentos. Eu buscava estabelecer o fluxo e deixar todo o resto encaixar-se no devido lugar. Queria eliminar fronteiras, tabus, limitações. Nos romances antigos, havia diferenças de classe, raça, religião. Eu desejava contornar tudo isso e alcançar as conexões instintivas e intuitivas.

**E:** Para você, qual a diferença entre a vida sentimental dos homens e a das mulheres?

**AN:** Elas coincidem. Há semelhança entre homens e mulheres, não um contraste. Quando um homem começa a reconhecer seu sentimento, os dois se unem. Quando os homens *aceitam* seu lado sensível, eles ganham vida. Na análise que sempre assumimos como masculina, era a área em que eu era capaz de falar com os homens. Mas todas essas diferenças estão desaparecendo. Falamos do masculino e do feminino, mas são rótulos errados. Na verdade, é mais uma questão de poesia *versus* intelectualização.

**E:** Aos vinte e nove anos, você escreveu que havia duas mulheres em você: "uma mulher desesperada e desnorteada, que se sentia afogar, e outra que dominaria a cena, como se estivesse num palco, escondendo suas verdadeiras emoções por serem fraquezas, desamparo e desespero e mostrando ao mundo apenas um sorriso, uma ânsia, curiosidade, entusiasmo, interesse". Como você se dominou?

**AN:** A pessoa supera o lado negativo continuamente. Ainda não cheguei ao ponto de ser corajosa todo dia. E a luta mantém meu diário vivo. Agora eu tenho um sentimento de harmonia, de integração. As duas mulheres estão dentro de mim, sem se agredir. Elas convivem em paz.

**E:** Como você alcançou essa integração?

**AN:** Comecei terrivelmente absorta em sonhos, no espiritual, no devaneio. Meu pai nos deixou quando eu tinha quatro anos, e fiquei destruída. Tinha vivido nos livros e na imaginação e, assim, minha jornada interior foi diferente. Eu tinha de encontrar terra firme. A partida de meu pai me deixou um sentimento de uma ponte em ruínas para o mundo, que eu queria reconstruir. Para mim, tudo veio da literatura: as mentiras, as histórias, os sonhos. Foi então que Henry Miller e sua mulher aconteceram na minha vida. Por volta dos trinta anos, minha preocupação era com a experiência, e escrevi meu primeiro livro, sobre D.H. Lawrence. Quando consegui equilibrar os dois mundos, o do pé no chão e o da imaginação, veio o período de maior criatividade. Comecei a produzir quase um livro por ano. A essa altura da minha vida, o diário e a ficção, a poesia e a terra estão em harmonia. Posso trabalhar e viajar e ter relacionamentos sem conflito.

**E:** Como é a história do seu famoso diário?

**AN:** Comecei o diário aos onze anos, no navio, vindo para os Estados Unidos, separada do meu pai, para contar a ele sobre aquela terra estranha e seduzi-lo a vir. O diário permitiria que ele acompanhasse nossas vidas. O diário foi começado para trazer alguém de volta. Minha mãe não permitiu que o enviasse, e então tornou-se particular, um reduto do espírito, um laboratório. Agora, são talvez duzentos volumes. Escrevo em torno de doze por ano e estão arquivados num cofre de banco no Brooklyn, ao preço de cinquenta dólares a cada três meses.

**E:** Em um sentido relevante, você é uma revolucionária. O que aprendeu sobre si e sobre outras mulheres com sua coragem solitária?

**AN:** A importância da fé, a grande importância da orientação e da vida interior para suportar as pressões externas. Além disso, a compreensão de que a consciência ampliada *prevalecerá*. Promovendo mudanças externas. A importância da convicção pessoal. Eu tinha amor pelo meu trabalho e nada poderia detê-lo.

**E:** Muitos críticos se alarmaram com a atmosfera extremamente carregada de seus textos. Por que o mistério, o fascínio e a intriga são tantas vezes as armas de suas heroínas?

**AN:** Acho que é porque acredito na comunicação pelas emoções, pelo imaginário, pelo mito, por vias indiretas. Penso que todas as minhas mulheres tentaram viver segundo os impulsos do subconsciente. Em todos os meus romances, tenho só uma heroína agindo diretamente, e até ela descobre a necessidade da jornada íntima. Nunca acreditei na ação, só em alcançar a vida em um nível poético.

**E:** O amor sempre foi a questão essencial para você tanto nos romances quanto nos diários, mas é raro falar dele de forma descomplicada. Por que considera o amor uma trama tão intrincada de relacionamentos?

**AN:** O amor é complexo. Devido aos obstáculos, às personas, às máscaras, um relacionamento é uma criação árdua. Os seres humanos constroem labirintos. Ao manifestarmos todos os nossos eus, cria-se um padrão muito intrincado. Mas temos que manter um equilíbrio permanente, as constantes oscilações que tento descrever.

**E:** A intuição integra de forma profunda seu método de criação romanesca. Pode descrever seu fascínio pela adivinhação em todas as suas formas?

**AN:** Quando criança, eu tinha uma noção muito intensa do que as pessoas sentiam. Tentei confirmar minha intuição estudando psicologia. Minha tendência para romancear me fez querer verificar o que sentia. Hoje, confio na minha intuição, na sua força. Quando estive no Japão, tive uma noção a partir do contato com pessoas que falam uma língua que eu não falo. A intuição era a minha adivinhação, mas nos meus romances e na vida eu expandi minha intuição. Na década de 1930, em Louveciennes, eu morava em um estúdio num sótão com tetos inclinadíssimos. Entre as janelas, pintávamos o horóscopo de todos os amigos e acompanhávamos aquilo todo dia. Cada horóscopo tinha ponteiros como um relógio e estavam dispostos segundo configurações de cada dia, de modo que podíamos estudá-los e dizer: "O horóscopo de Artaud hoje é...". Não me interessa mais o lado da previsão na astrologia. Prefiro o que ela tem a dizer sobre o caráter. Ao mesmo tempo em que começamos a seguir os mapas, passei a imitar a forma dos mapas astrológicos e organizei os amigos e suas cidades em constelações. Muito me agradava a ideia de visualizar os relacionamentos nos horóscopos e nos mapas.

# Observações sobre o feminismo*

A natureza da minha contribuição ao Women's Liberation Movement não é política, é psicológica. Recebo centenas de cartas de mulheres que se liberaram com a leitura dos meus diários, que perfazem um estudo extenso dos obstáculos psicológicos que impediram a mulher de conquistar sua plena evolução e desabrochar. Estudei a influência negativa da religião, dos padrões raciais e culturais, que a ação por si e nenhum slogan político podem desfazer. Nos diários, descrevo as muitas restrições que tolhem a mulher. O diário foi, em si, uma fuga ao julgamento, um lugar de onde analisar a verdade sobre a situação feminina. Acredito que é onde o sentido de liberdade tem de começar. Digo começar, não permanecer. Uma reforma das atitudes e das crenças emocionais da mulher dará condições a ela de agir com mais eficácia. Não estou me referindo a problemas práticos, econômicos, sociológicos, pois acredito que muitos deles possam ser resolvidos com inteligência e pensamento lúcido. Estou meramente enfatizando uma confrontação de nós mesmas por ser uma fonte de força. Não confunda meu deslocamento de responsabilidade com repreensão. Não estou acusando a mulher. Afirmo que

---

* Publicado em *The Massachusetts Review,* primavera-verão, 1972.

se assumirmos a responsabilidade por nossa situação, nos sentiremos menos desamparadas do que se culparmos a sociedade ou o homem. Nós perdemos uma energia preciosa com revoltas negativas. A conscientização nos oferece um senso de comando sobre nosso destino, e assumir o destino em nossas mãos é mais inspirador do que esperar que outros o façam por nós. Sejam quais forem as ideias, a psicologia, a história ou a arte que eu tenha aprendido com os homens, aprendi a convertê-las na afirmação de minha identidade pessoal e de minhas próprias crenças, para servirem ao meu crescimento. Ao mesmo tempo, eu amava a mulher e me sentia totalmente consciente de seus problemas e assistia às suas lutas para se desenvolver. Acredito que a revolução duradoura provém de mudanças profundas dentro de nós, que influenciam nossa vida coletiva.

Muitos dos afazeres domésticos que as mulheres aceitaram eram ritualísticos, eram formas de expressar amor, zelo e proteção. Temos de encontrar outras formas de expressar tal dedicação. Não podemos resolver o problema de nos livrar de todos os afazeres sem primeiro compreender por que os realizávamos e nos sentíamos culpadas se não os cumpríssemos. Temos que persuadir aqueles que amamos de que há outras formas de enriquecer sua vida. Parte dessas ocupações compensavam. O lar era nosso único reino e nos retribuía com muitos prazeres. Éramos recompensadas com amor, com beleza e um sentimento de realização. Se desejamos direcionar nossa energia e força para outros canais, temos de trabalhar numa solução temporária que talvez nos prive, por completo, de nosso mundo pessoal. Mas acho também que temos de lidar com nosso senso de responsabilidade profundamente arraigado e interiorizado. Isso significa encontrar uma forma mais criativa de amor e colaboração, de educar nossas crianças ou cuidar da casa, e temos de convencer aqueles que amamos da existência de outras maneiras de consegui-lo. As limitações da vida das mulheres, confinadas ao lado pessoal, também criaram em nós qualidades que os homens perderam, em certa medida, num mundo competitivo. Penso que a mulher mantém uma relação mais humana com os seres humanos e não é corrompida pela impessoalidade de interesses poderosos. Tenho observado a mulher no direito, na política e na educação. Por possuir um talento para as relações pessoais, ela é mais eficaz com a injustiça, a guerra, o preconceito. Sonho com a mulher imbuindo todas as profissões com uma nova qualidade. Quero um mundo diferente, não aquele mesmo mundo nascido da necessidade de poder do homem e que está na origem da guerra e da injustiça. Temos que produzir uma nova mulher.

E quanto aos guetos e à pobreza? Em primeiro lugar, um novo tipo de ser humano não permitiria que existissem. O que desejo é uma melhoria na qualidade dos seres humanos, pois já sabemos que as drogas, o crime, a guerra e a injustiça não são curáveis por uma troca de sistema. Falta humanismo aos nossos líderes. Não quero ver as mulheres seguindo o mesmo padrão. O puritanismo qualificou como tabu a afirmação do pensamento e de qualidades pessoais, e ela agora está sendo igualmente qualificada como tabu por militantes fanáticos. Entretanto, problemas práticos muitas vezes são resolvidos pela liberação psicológica. A imaginação, as habilidades, a inteligência são liberadas para descobrir soluções. Percebo tantas mulheres do movimento pensando de modo obsessivo sobre problemas passíveis de solução quando se está emocionalmente livre para pensar e agir com clareza. Sem direção, a ira cega e a hostilidade não são armas eficazes. Elas precisam ser convertidas em ação lúcida. Cada mulher precisa considerar os próprios problemas antes de poder agir efetivamente dentro de seu campo de ação. Caso contrário, ela só acrescenta o peso de seus problemas ao da maioria coletiva já sobrecarregada. Por sua vez, sua solução individual, sua coragem, passam a ter uma espécie de crescimento celular, um crescimento orgânico, que é acrescentado à síntese geral. Os slogans não fortalecem porque as generalizações não são verdadeiras. Muitas mulheres inteligentes, muitos homens com potencial colaborativo são alienados por generalizações. Não é eficaz recrutar todas as mulheres para um trabalho que é inadequado para algumas. O grupo nem sempre fortalece, porque ele só se mobiliza de acordo com o denominador de compreensão mais baixo. O grupo enfraquece a vontade do indivíduo e anula sua contribuição. Objetar-se ao crescimento da conscientização nas mulheres é trabalhar contra o benefício da coletividade, cuja qualidade é elevada pela pesquisa e pelo saber individuais. Cada mulher precisa se conhecer, saber dos seus problemas e obstáculos. Peço à mulher para compreender que ela pode dominar o próprio destino. Trata-se de um pensamento inspirador. Culpar terceiros significa que nos sentimos desamparadas. O que mais gostei na psicologia é o conceito de que o destino está dentro de nós, nas nossas mãos. Enquanto esperarmos que outros nos libertem, não desenvolveremos a força para fazê-lo por nossa própria conta. Quando uma mulher não resolve suas derrotas íntimas, pessoais, suas hostilidades internas, seus erros, ela leva o ranço disso para o grupo e só aumenta as reações negativas dele. Isso é colocar a libertação numa perspectiva estreita demais.

Libertação significa o poder de transcender obstáculos. Os obstáculos são os padrões educacionais, religiosos, raciais e culturais. Eles precisam ser confrontados e não existe solução política que atenda a todos. Os verdadeiros tiranos são a culpa, os tabus, a herança educacional, esses são os nossos inimigos. Nós podemos lidar com eles. O verdadeiro inimigo é aquilo que nos foi ensinado, nem sempre pelo homem, mas muitas vezes por nossas mãe e avós.

O problema com a raiva é que ela nos faz superestimar nossa causa e nos impede de alcançar a conscientização. Costumamos prejudicar nossa causa com a raiva. É como recorrer à guerra.

Nenhum sistema criado por homens resolve a pobreza, a injustiça, o preconceito. Meu desejo é que eles sejam solucionados por um ser humano de qualidade mais elevada que, pela própria lei de valorização da vida humana, não permitirá tais desigualdades. Nesse sentido, o que quer que façamos pelo desenvolvimento dessa qualidade superior acabará permeando toda a sociedade. A crença de que todas nós, sem treino, preparo ou qualificação, podemos ser convocadas para a ação em massa é o que tem impedido a mulher de se desenvolver, porque se trata da mesma premissa antiquada de que o único bem que podemos fazer está fora de nós, salvando outros. Ao fazê-lo, ignoramos o fato de que o mal provém das falhas das pessoas, seres humanos pouco desenvolvidos. Precisamos de modelos. Precisamos de heróis e líderes. Dos muitos advogados formados em Harvard, tivemos só um Nader.* Mas um único

---

* Ralph Nader, advogado e político independente americano. Foi quatro vezes candidato a presidente da República e ajudou a promover debates sobre ecologia, consumo, governança democrática e direitos humanos. (N.T.)

Nader exerce uma influência incalculável. Se, em nome da política, continuarmos a desabonar aqueles que desenvolveram suas habilidades ao máximo como elite, como privilegiados ou pessoas excepcionais, jamais conseguiremos ajudar os outros a alcançarem seu potencial. Assim como a arquitetura requer plantas baixas, precisamos de diagramas para a criação de seres humanos.

O ataque ao desenvolvimento individual pertence aos tempos obscuros do socialismo. Se sou capaz de inspirar ou ajudar mulheres hoje, é porque persisti no meu desenvolvimento. Por muitas vezes fui desviada de minhas obrigações, mas nunca desisti da inexorável e disciplinada criação da minha consciência, porque compreendi que, no fundo de todo sistema falho para promover o destino do homem, está um ser humano imperfeito e corruptível.

É inspiradora a leitura de mulheres que desafiaram os códigos e tabus de sua época: Ninon de Lenclos no século XVII, Lou Andreas-Salomé nos tempos de Freud, Nietzsche e Rilke, e nos dias de hoje, Han Suyin. Ou as quatro heroínas de Lesley Blanch em *Wilder Shores of Love*.

Percebo uma imensa negatividade no Movimento para Libertação das Mulheres. É menos importante atacar escritores homens do que descobrir e ler mulheres escritoras, atacar filmes em que predominam homens do que fazer filmes produzidos por mulheres. Se a passividade da mulher explodir como uma erupção vulcânica ou um terremoto, nada será alcançado além de um resultado desastroso. Essa passividade pode ser convertida em vontade criativa. Se ela se expressar por meio de uma guerra, será uma imitação dos métodos masculinos. Seria benéfico estudar os escritos de mulheres da história mais preocupadas com relacionamentos pessoais do que com lutas de poder. Sonho com um advogado mais humano, um educador mais humano, um político mais humano. Tornar-se um homem ou igual a um homem não é uma solução. Sobram imitações de homem no movimento feminista. Trata-se apenas de um deslocamento de poder. A definição feminina de poder deveria ser outra, baseada nos relacionamentos com os outros. As mulheres que realmente se identificam com seus opressores, como reza o clichê, são aquelas que agem como homens, se masculinizando, e não aquelas que procuram converter ou transformar o homem. Não existe liberação de um grupo à custa de outro. A liberação só pode acontecer de forma completa e em harmonia.

O pensamento em grupo não fortalece. Ele enfraquece a vontade. O pensamento majoritário é opressivo porque inibe o crescimento individual e busca uma fórmula para todos. O crescimento individual produz uma vida em comum de qualidade superior. Uma mulher desenvolvida saberá como cuidar de todos os seus deveres sociais e como agir eficazmente.

# Minha irmã, minha esposa*

Graças a H.F. Peters fui apresentada a Lou Andreas-Salomé, e este prefácio para a reedição de seu livro é um ato de gratidão. Ele fez um retrato completo, mesmo sem dispor de todas as informações a respeito dela. Peters foi prejudicado por Lou ter destruído muitas de suas cartas pessoais. Mas, por meio de sua sensibilidade, compreensão e empatia, ele nos oferece um conhecimento íntimo de uma figura feminina de suma importância para a história do desenvolvimento da mulher. Peters criou um retrato adorável que transmite o talento e a coragem dela.

A falta de um total conhecimento sobre a vida de Lou força nossa imaginação a interpretá-la à luz da luta feminina pela independência. Podemos aceitar os mistérios, as ambivalências e as contradições por serem análogos ao estado do conhecimento que hoje temos da mulher. Há muito a ser preenchido quanto aos motivos íntimos e as reações, os impulsos subconscientes das mulheres. A história e a biografia precisam ser reescritas. Ainda não dispomos de um ponto de vista feminino na avaliação da mulher devido a tantos anos de tabu em relação a confidências. É comum as mulheres se-

---

* Prefácio da edição da Norton Library de *My Sister, My Spouse: A Biography of Lou Andreas-Salomé*, de H.F. Peters.

rem punidas pela sociedade e pelos críticos ao tentarem fazer tais confidências. O padrão de dois pesos e duas medidas era absoluto nas biografias de mulheres. Peters não faz esses julgamentos, oferecendo-nos todo os fatos necessários para interpretá-la à luz de novas avaliações.

Lou Andreas-Salomé simboliza a luta para transcender convenções e tradições nas ideias e na vida. Como pode uma mulher inteligente, criativa, original relacionar-se com homens brilhantes sem ser sufocada por eles? A luta da mulher moderna é o conflito entre o desejo da mulher de se fundir com o ser amado e de manter uma identidade distinta. Lou viveu todas as fases e evoluções do amor, da doação à retenção, da expansão à contração. Ela se casou e viveu uma vida celibatária, amou homens mais velhos e mais jovens. Sentia-se atraída pelo talento, sem querer servir meramente como discípula ou musa. Nietzsche admitiu ter escrito *Zaratustra* inspirado por ela, e afirmou que ela conhecia sua obra como ninguém.

Por muitos anos Lou sofreu o destino das mulheres brilhantes ligadas a homens brilhantes, ou seja, era conhecida somente como a amiga de Nietzsche, de Rilke, de Freud, ainda que a publicação de sua correspondência com Freud mostrasse a igualdade com que ele a tratava e como ele respeitava sua opinião. Lou foi a autora do primeiro estudo feminista das mulheres de Ibsen e um estudo da obra de Nietzsche. No entanto, seus livros não foram publicados.

Ainda que servindo de inspiração para Rilke, revoltou-se contra a dependência e as depressões dele. Com seu amor pela vida sufocado, finalmente, depois de seis anos, ela rompeu com ele porque, segundo afirmou: "Não posso ser fiel aos outros, só a mim mesma". Lou tinha um trabalho próprio a realizar, e sua fidelidade era em relação à sua natureza expansiva, à paixão pela vida e ao seu trabalho. Ela despertava o talento dos outros, mantendo, porém, um espaço próprio. Comportava-se como todas as personalidades fortes de sua época, cujas ligações românticas todos admirávamos *quando se tratava de homens*. Lou possuía um talento para a amizade e o amor, mas não se deixava consumir pelas paixões dos românticos que os faziam preferir a morte à perda de um amor. Mesmo assim, ela inspirou paixões românticas. Em atitude, pensamento e obra, uma mulher muito à frente do seu tempo. Tudo isso Peters transmite, sugere, confirma.

Era natural que Lou me fascinasse, me assombrasse. Mas fiquei imaginando o que ela significaria para um jovem, um jovem criativo e moderno. Foi quando decidi conversar sobre Lou com Barbara Kraft que, num estudo sobre ela, escreveu:

> Ao longo de sua vida (1861-1937), Salomé presenciou o final da tradição romântica e tornou-se parte da evolução do pensamento moderno que desabrochou no século XX. Foi a primeira "mulher moderna". A natureza de suas conversas com Nietzsche e Rilke prenunciou a posição filosófica do existencialismo. Foi pelo trabalho com Freud que ela se destacou nos primórdios do desenvolvimento e da prática da teoria psicanalítica. Comecei a percebê-la como uma heroína, como merecedora de honras de herói em seus aspectos mais positivos. As mulheres de hoje se ressentem tremendamente da falta de identificação com uma figura heroica feminina.

Barbara sentiu que é grande a ausência de figuras heroicas femininas porque, em geral, suas biografias são escritas por homens. Como mulheres, buscaríamos mulheres que nos dessem força, inspiração e estímulo. É o que Peter faz ao retratar Lou.

Falamos sobre as razões para que ela mudasse de um relacionamento para outro. Vimos que, sendo uma mulher muito jovem, ela temia o domínio de Nietzsche, que procurava um discípulo, alguém que perpetuasse o trabalho *dele*. Depois de ler suas cartas para Rilke, entendemos por que, depois de seis anos, ela sentiu que havia satisfeito seu relacionamento com Rilke e tinha de seguir em frente. Lou demonstrou uma persistência notável em manter sua identidade. De forma suave e sábia, ela expressava visões femininas em suas conversas com Freud e ele passou a respeitar a opinião dela. Lou preservou sua autonomia mesmo cercada por homens poderosos e até dominadores. Por ser uma bela mulher, o interesse deles passava da admiração para a paixão, e quando não os correspondia, era chamada de frígida. Sua liberdade consistia em manifestar as próprias necessidades inconscientes profundas. Lou via a independência como a única forma de alcançar movimento. E, para ela, movimento era crescimento e evolução constantes.

Ela inspirou seu padrão de vida nos homens, mas não era uma mulher masculinizada. Exigia liberdade para mudar, para evoluir, para crescer. Lou reafirmou sua integridade contra a sentimentalidade e as definições hipócritas de lealdades e deveres. Ela é única na história de sua época. Não foi de modo algum uma feminista, mas lutava contra seu lado feminino para manter sua integridade como indivíduo.

H.F. Peters, que compreendeu Lou inteiramente, cita a síntese assinada por ela: "A vida humana – na verdade, a vida inteira – é poesia. Nós a vivemos inconscientemente, dia a dia, fragmento a fragmento, mas, na sua totalidade inviolável, ela nos vive".

# Entre mim e minha vida*

Nesta biografia de uma artista de enorme talento, mas pouco conhecida, Meryle Secrest combina insight psicológico lúcido com empatia, numa profunda investigação sobre caráter e relacionamentos. Ela dá vida a um segmento perdido da história da arte, com a habilidade e o poder de recriar a história com cores resplandecentes. É raro um estudo de caráter explorar tão profundamente um ser humano e ainda pintar a atmosfera que o envolve, o estilo de vida da época.

O livro é fascinante por várias razões. Romaine Goddard Brooks, americana de nascença e falecida em 1970 aos noventa e seis anos, viveu uma infância terrível que teria atrofiado e deformado qualquer outra pessoa. Apesar disso, a artista se desenvolveu. Ainda que, segundo suas palavras, essa infância ficasse "entre mim e a vida", qual um nevoeiro invisível, esfriando o calor de seus amores ou impedindo a expansão total de sua genialidade, chegando a interferir no impulso para a vida. No entanto, comparada à vida de muitos artistas modernos da atualidade, ela se envolveu num padrão rico e colorido de amizades e amores com diversas figuras destacadas de seu tempo.

---

* Resenha de *Between Me and Life: A Biography of Romaine Brooks,* de Meryle Secrest, no *The New York Times Review,* 24 de novembro de 1974.

Secrest jamais menciona esses artistas e escritores meramente como nomes famosos. Cada um deles é descrito e estudado. Ao mantê-los sob o forte holofote da época em que se envolveram com Romaine Brooks, ela conserva um belo equilíbrio apresentando pessoas famosas e analisando-as integralmente.

A virada do século* em Paris foi um período que permitiu originalidade, que tolerou padrões individuais de vida, excentricidades, todas as formas e expressões de amor. Um tempo em que a ênfase repousava no talento.

A história de Natalie Barney, a herdeira americana, é rica em si, e teve grande repercussão como o tema central do amor lésbico que a uniu a Romaine Brooks. Ambas eram mulheres talentosas, independentes, que criaram um padrão de vida e de comportamento próprios. A completude e as muitas dimensões de seu relacionamento criavam um suspense intenso. O que amplia nosso interesse na história de Romaine Brooks é a visão aproximada, íntima, de suas notáveis amizades, ou seja, a ilusão de viver naquela época e de participar daquelas realizações e o desespero que vivenciam.

"Numa visão de conjunto, as treze telas expostas por Romaine Brooks nas prestigiosas Galéries Durand-Ruel, seis anos depois de sua temporada em St. Ives, são afirmações do talento maduro e uma confirmação triunfante de sua determinação de se tornar uma artista ("Eu nasci artista. *Née*\*\* uma artista, não *née* Goddard"), alcançada à custa de uma ruptura total com a família, e depois de anos de pobreza e esforços extenuantes.

---

\* Do século XIX para o XX. (N.T.)
\*\* Nascida. (N.T.)

Robert de Montesquieu, o poeta excêntrico, crítico de arte e líder da sociedade que inspirara o Baron de Charlus de Proust, admirava-a, tornou-se seu amigo e chamava-a de "Ladra de Almas" por sentir que, em seus quadros, ela capturava e revelava o eu secreto e melancólico encoberto pela persona. Apollinaire via demasiada tristeza e austeridade nas obras dela. Secrest sugere que Romaine Brooks teria projetado a própria marca trágica nos outros ou que sua vida trágica lhe revelasse mais prontamente as cicatrizes que os outros tentavam esconder.

Jean Cocteau, Paul Morand, Ida Rubinstein e D'Annunzio posaram para ela. Durante toda a vida, viu-se cercada por figuras proeminentes, Somerset Maugham, Axel Munthe, Gertrude Stein, Ezra Pound, André Gide, Colette, Compton Mackenzie. Romaine tentou um casamento com um homossexual, com base na premissa de que poderiam ser companheiros, vivendo cada um as suas preferências. Mal durou um ano.

A busca do amor e da realização como artista são os temas principais do livro. Como artista, ela foi admirada e reconhecida pelas mentes mais conceituadas da Europa. Na busca do amor, o que Romaine Brooks queria, afirma Secrest, era o que nunca teve, um amor abnegado de mãe. Secrest cita a dra. Charlotte Wolff: "O incesto emocional com a mãe é, de fato, a essência pura do lesbianismo". A meu ver, é um conceito limitado, e qualquer busca de amor poderia ser vista como substituto por aquele não ofertado no começo da vida. Secrest nos lembra que no *Inferno* de Dante havia um canto reservado aos pais que não amavam os filhos. No caso de Romaine Brooks, a ferida foi agravada pelo amor obsessivo da mãe pelo filho, reforçando a convicção de Brook de que devia rejeitar sua feminilidade.

O affair amoroso intenso com Natalie Barney, "'a garota desvairada de Cincinnati', conhecida por Paris inteira por sua fortuna, ligações sociais, poesia, aforismos e pela vida escandalosamente nada ortodoxa", é um estudo fascinante, complexo e incluído na íntegra. O longo relacionamento com D'Annuzio é, da mesma forma, rico em texturas e humores.

As pinturas de Romaine Brooks foram expostas pela primeira vez nos Estados Unidos em 1971, ano seguinte à sua morte na obscuridade, em Nice. Secrest afirma: "Ao descrever a vida de um artista, é possível considerar a obra como seu próprio fenômeno, separada da vida, ou descobrir sua origem no psiquismo particular do artista. A obra de Romaine Brooks não pode ser separada de sua vida".

Ela é uma das mulheres extraordinárias recentemente resgatadas do esquecimento. Podemos atribuí-lo à crescente consciência das mulheres da necessidade de reescrever a história da mulher, ou à causa mais misteriosa que muitas vezes encobre as obras de um artista até que nosso gosto, nosso discernimento, nossa compreensão a tenham captado, explicando os ciclos dos eclipses e os ciclos em que o artista, morto há muito tempo, se torna parte vital de nossa atual consciência. Hoje temos uma compreensão bem maior do relacionamento angustiante de Romaine Brooks com sua mãe perturbada. Compreendemos as múltiplas e diversas expressões do amor, os obstáculos e as complexidades que compõem o desenvolvimento de uma mulher artista.

Lorde Alfred Douglas enviou seu livro de poemas a Romaine Brooks com as seguintes palavras: "Muitas vezes nos dissemos coisas indestrutíveis".

É o que se pode afirmar sobre essa biografia. Nela, a história da pintura, dos costumes, dos lugares, das pessoas é entretecida com harmonia e, seguindo o fio de Ariadne de uma vida, com profundidade suficiente, seremos capazes de descobrir muitas vidas e profundezas indestrutíveis da experiência.

# Mulheres e crianças do Japão*

As mulheres japonesas são, ao mesmo tempo, os habitantes mais presentes e os mais invisíveis e esquivos do que em qualquer outro país que já conheci. Estão por toda parte, seja em restaurantes, ruas, lojas, museus, metrôs, trens, campos, hotéis e pousadas, mas, ainda assim, alcançam uma autoanulação chocante para as mulheres estrangeiras. Em hotéis e pousadas, são solícitas, previdentes e prestativas num grau jamais imaginado, exceto pelos homens. No entanto, o cuidado e a suavidade são também generosamente estendidos às visitantes do sexo feminino. É como se o sonho de ter uma mãe superatenta, superprotetora fosse realizado numa escala coletiva, só que a mãe é sempre jovem e veste trajes delicados. São diligentes, ainda que reservadas, eficientes, sempre presentes, sem serem intrometidas ou inconvenientes.

Fui convidada para ir ao Japão pelo meu editor, Tomohisa Kawade e, sendo escritora, permitiram minha entrada no restaurante de gueixas onde só homens costumam estar no comando. Atrás de cada convidado, havia uma gueixa ajoelhada ou de pé, e assim que meu copo de saquê se esvaziava, minha gueixa se inclinava e, com uma suavidade única, enchia-o novamente.

---
* Extraído do diário de Anaïs Nin.

Ela percebeu também que eu não sabia comer o peixe com os *hashis*, então o destrinchou com uma habilidade incrível. Primeiro, pressionando o peixe com os *hashis* para amaciá-lo e, em seguida, de repente, retirou a espinha inteira, totalmente solta e limpa. Tudo isso trajando um vestido sofisticado de mangas esvoaçantes capaz de paralisar uma ocidental. Outra gueixa me trouxe seu lenço para eu assinar: "Eu li Hemingway", disse ela, "ele assinou meu lenço quando eu tinha quinze anos".

Elas ficavam diante de você nem um minuto a mais do que o necessário, e nenhuma delas parecia dizer: Olhe para mim, estou aqui. A forma de levarem as travessas e servirem a comida, de ouvirem, parecia um triunfo miraculoso sobre a falta de jeito, a transpiração, a indolência. Era como se tivessem dominado a gravidade.

Vestidas assim, com leves quimonos bordados, o cabelo penteado da forma clássica com precisão e laquê, usando tabis brancas* e sandálias novas, me senti mal vendo-as nos acompanhar até a rua, na chuva, com grandes reverências até que estivéssemos longe.

Fora de Tóquio, eu as vi no bairro das gueixas, apressadas para seus compromissos, vestidas com sofisticação e penteados elaborados, calçando tabis brancas e tamancos de madeira. O tecido dos quimonos sempre ligeiramente engomado, as mangas esvoaçantes como asas de borboletas.

Vi mulheres trabalhando em fábricas. Usavam quimonos de jeans azul surrados, porém limpos. Sentadas sobre os joelhos, trabalhando com a mesma precisão de gestos que suas contrapartidas mais charmosas. O cabelo sem laquê ou coques estruturados, mas muito bem trançado.

---

* Meias acolchoadas de algodão usadas com calçados de tiras. (N.T.)

As modernas mulheres japonesas emancipadas ficavam em Tóquio. Durante o resto da viagem, as mulheres que vi pareciam agradar aos olhos, a atender milagrosamente à necessidade de uma bebida.

Seus trajes as tolhiam, mas os gestos permaneciam delicados, transcendendo o aperto do *obi*.* Os pés, nos tamancos de madeira, leves como pés de bailarinas.

No interior, camponesas ativas usavam o mesmo traje de jeans azul-escuro surrado, uniforme e bem cuidado ainda que desgastado. O chapéu de palha, o cesto, também eram uniformes, e as mulheres trabalhavam com tamanha ordem, alinhadas, que pareciam um grupo de dança numa bela configuração. Observei-as catando as ervas daninhas, enfileiradas sobre os joelhos, os cestos ao lado, e colhiam com ritmo, sem desvios ou hesitações. As mulheres limpavam os jardins enquanto os homens cuidavam das árvores ou recolhiam as ninfeias em excesso nos lagos.

A suavidade e a solicitude onipresente das mulheres me evocaram os filmes japoneses, em que essa delicadeza pode se transformar em ferocidade se ameaçada, ocasiões em que somos sobressaltados por um punhal ou até uma espada. Que tipo de mulher moderna emergiria da mulher japonesa de outrora, profunda, mascarada, há tanto tempo escondida? Todo o mistério das japonesas está por trás dos rostos suaves, que raramente mostram a idade, exceto talvez nas camponesas, castigadas pela natureza. A suavidade, no entanto, permanece da infância à maturidade avançada.

Aquela deferência toda não pode ser uma máscara, concluí. Parece tão natural, uma sensibilidade genuína em relação aos outros. Parece ter origem na identificação e na empatia.

---

* Cinturão largo de tecido. (N.T.)

Ainda que meus editores fossem jovens, um de 28 e o outro de 29 anos, eles não me apresentaram às esposas. Elas não foram convidadas para nenhum dos jantares em restaurantes ou para as apresentações do teatro Nô e Kabuki. Para me consolar, reuni uma boa quantidade de romances, pensando que, assim, ficaria mais íntima dos sentimentos e pensamentos das japonesas. Foi uma mulher, Lady Murasaki, a autora do primeiro diário, no ano 900. Apesar de ser uma obra proustiana pelo nível de detalhe sutil e elaborado, apesar dos sentimentos e pensamentos dos personagens da corte descritos, a mulher, em si, permanece ali uma imagem. As obras de autoras modernas não estão traduzidas. E os romances, no geral, não me aproximaram da mulher japonesa. O mesmo elemento de autoanulação aparece nos romances. Pouquíssimas mulheres são dominadoras ou autoritárias. Há uma tendência forte para se viver segundo os códigos, os costumes, as regras religiosas ou culturais. A vida em nome de um ideal coletivo. O dissidente é descrito como um monstro maligno.

Em um dos ônibus de turismo, a caminho de Kiushu, havia uma jovem guia vestida num uniforme azul-claro, com chapeuzinho e luvas brancas. Na verdade, ela era simples, mas sua expressão irradiava tanta vivacidade, tanta receptividade e participação aos viajantes, tanto calor e afabilidade, que ela manteve o ânimo dos viajantes em alta durante um dia árduo e difícil. Em cada vilarejo onde o ônibus parava, ela cantava a canção típica da região. Uma voz doce e límpida como a de uma criança e, ainda assim, dotada de uma qualidade assombrosa como uma flauta melancólica tocada na solidão. Apesar do calor, do cansaço, dos passageiros inconvenientes, ela conservava o frescor, a vaporosidade, o ânimo descontraído, carregando seu moderno fardo de trabalho com absoluta leveza, como se fosse um leque.

As crianças são um mistério diferente: o mistério da disciplina e do amor dosados com imenso equilíbrio, fazendo-as parecer as crianças mais espontâneas que já vi e ao mesmo tempo as mais bem-comportadas. São cheias de vida, alegres, encantadoras, extrovertidas, expressivas e livres, mas de uma liberdade que nunca termina em mau humor ou anarquia. Presenciei crianças japonesas, guiadas em um museu, que encontraram uma criança norte-americana de mesma idade. Elas a cercaram eufóricas, com gritinhos e falando as poucas palavras em inglês que sabiam. A criança estrangeira parecia insociável, desconfiada e distante.

Pelos jardins e museus, elas se mostravam sensíveis e curiosas, numa alegria permanente, mas contida. Em Kyoto, durante o Festival Gion, que se estende por muitas horas, as crianças estavam por toda parte, sem atrapalhar a cerimônia. O calor não as abatia, a multidão não as sujava, as roupas, nada amarrotadas. Será que tinham aprendido, tão pequenas, a combater o desleixo e o mau humor, a aparecerem cheias de vida e graciosas mesmo no dia mais estressante? Pensei nos jardins japoneses, a ordem, a estilização, o controle da natureza, de modo a representarem somente uma imagem com estética perfeita. Será que os japoneses alcançaram naturalmente esse milagre de perfeição estética? Nenhuma erva daninha ou folhas secas, nenhuma desordem ou emaranhado, sem flores murchas ou caminhos enlameados?

Essa é minha lembrança das mulheres e das crianças do Japão.

# Por um homem sensível*

Neste último ano, passei a maior parte do tempo com jovens mulheres nas universidades, jovens mulheres envolvidas com a elaboração de suas teses de doutorado sobre a minha obra. As conversas a respeito dos diários sempre levavam a trocas íntimas e pessoais sobre a própria vida delas. Assim, percebi que os ideais, as fantasias e os desejos dessas mulheres passavam por uma transição. Inteligentes, talentosas, integradas nas atividades de seu momento histórico, elas pareciam ter superado a atração pela definição convencional de homem.

Elas tinham aprendido a denunciar o legítimo "machão", com sua falsa masculinidade, sua força física, sua desenvoltura nos esportes, sua arrogância e, o mais grave de tudo, sua falta de sensibilidade. O herói de *O último tango em Paris* as repugnava. O sádico, o homem que humilha a mulher, cuja demonstração de poder é uma fachada. Os supostos heróis, como nos textos de Hemingway ou Mailer, uma força ilusória. É o que denunciavam e rejeitavam essas novas mulheres, inteligentes demais para serem enganadas, muito sensatas e orgulhosas para se sujeitarem a essa exibição de poder que, em vez de protegê-las, ameaçava sua existência individual.

---

* Publicado na *Playgirl*, setembro de 1974.

Elas passaram a se sentir atraídas pelo poeta, pelo músico, pelo cantor, pela sensibilidade de um colega de estudo, pelo homem natural sincero, sem pose ou arrogância, interessado pelos valores reais e não pela ambição, aquele que odeia a guerra, a avidez, o mercantilismo e o oportunismo político. Enfim, um novo tipo de homem para um novo tipo de mulher. Eles se ajudavam nos tempos de faculdade, trocavam poemas, cartas íntimas em que se confessavam, eles valorizavam seu relacionamento, dedicando-lhe tempo, atenção e cuidado. A sensualidade impessoal nunca os interessou. Ambos queriam trabalhar em algo que apreciassem.

Conheci muitos casais que se encaixavam nessa descrição. Nenhum dos dois predominava. Repartiam as diferentes tarefas, cada um com aquelas em que se saía melhor, sem precisar determinar papéis ou limites. A gentileza era a característica reinante. Não havia "cabeça" do casal, nem um provedor do sustento da casa. Tinham aprendido a arte sutil, e humana, da alternância. Força e fraqueza não são qualidades imutáveis. Todos vivemos dias de força e dias de fraqueza. Eles tinham a noção de ritmo, de flexibilidade, de relatividade. Cada um contribuía com seu saber e intuições próprias. Nesses casais não existe guerra de sexos, nem é preciso haver contratos com regras matrimoniais. A maioria não sente necessidade de se casar. Alguns querem filhos, outros não. Ambos têm consciência da função dos sonhos, ou seja, não como sintomas da neurose, mas como guias para nossa natureza secreta. Sabem que tanto um quanto o outro têm qualidades masculinas e femininas.

Algumas dessas jovens mulheres manifestavam uma nova angústia. Como se, tendo vivido tanto tempo sob o domínio direto ou indireto do homem (determinando seu estilo de vida, seus modelos e deveres), elas tivessem se acostumado, e quando isso acabou, agora que estavam livres para tomar decisões, mudar, expressar seus desejos e dirigir a própria vida, sentiam-se como barcos sem leme. Percebi indagações nos olhos delas. Será que a sensibilidade deveria ser considerada gentileza excessiva? A tolerância vista como fraqueza? Faltava-lhes autoridade, essa mesma coisa contra a qual tinham lutado tanto. Afinal, a velha rotina funcionara por tanto tempo. Mulheres dependentes. Algumas independentes, mas muito poucas em relação às dependentes. E o oferecimento de um amor total era algo raro. Um amor sem egocentrismo, sem exigências, sem restrições morais. Um amor que não definisse as obrigações das mulheres (você tem de fazer isto e aquilo, me ajudar no meu trabalho, apoiar e incentivar minha carreira).

Um amor quase igualitário. Sem tiranias, nem ditadores. Estranho. Tudo novo. Era um país novo. Não se pode ter, ao mesmo tempo, dependência e independência. Podemos alterná-las de tal modo que cresçam sem impedimentos, nem obstáculos. O homem sensível tem consciência das necessidades da mulher. Ele procura deixá-la ser por si mesma. Mas, às vezes, as mulheres não percebem que faltam a elas exatamente os elementos que impediam sua expansão, de testar seus talentos, sua mobilidade, sua evolução. Elas confundem sensibilidade com fraqueza. Talvez porque falte ao homem sensível a agressividade do "macho" (a agressividade que o empurra para a política, para os negócios, a um custo trágico da vida familiar e das relações pessoais).

Conheci um jovem que, apesar de estar no comando de um negócio que herdara, não esperava que sua esposa servisse à empresa, ocupando-se com pessoas que não a interessassem ou auxiliando-o em seus contatos. Ela era livre para buscar os próprios interesses que, no caso, eram psicologia e treinamento de assistentes sociais. Ela temia, no entanto, que a diferença entre os dois grupos de amigos, a saber o dos homens de negócio e o dos psicólogos, criasse duas vidas completamente separadas e afastasse o casal. Levou algum tempo para perceber que sua experiência psicológica atendia de outra forma aos interesses do marido. Ele estava aprendendo a ser mais humano ao lidar com os que trabalhavam para ele. Quando um empregado foi pego desviando combustível da empresa para outros empregados, foi chamado pelo chefe, que ficou, então, sabendo da história dele. Descobriu a razão para o delito (contas elevadas do hospital devido à internação de um filho) e contornou a situação em vez de demiti-lo, conquistando, assim, a partir dali, a lealdade do empregado. Os interesses do casal, que de início pareciam divergir, tornaram-se interdependentes.

Outro casal decidiu que, sendo ambos escritores, um lecionaria por um ano, deixando o outro livre para escrever, e este lecionaria no ano seguinte. O marido já era um escritor bastante conhecido. A esposa só publicara poemas em revistas, mas preparava um livro de crítica. Era a vez dela ensinar. Ele se viu considerado como o marido de uma docente da universidade e perguntavam-lhe nas festas: "O senhor também escreve?". A situação poderia ter causado algum estranhamento. A esposa resolveu a questão, conseguindo republicar no jornal da universidade um artigo sobre o romance mais recente do marido, restabelecendo, assim, sua posição.

Há certas jovens se engajando na ação política enquanto rapazes desiludidos estão se retirando. E a nova mulher está vencendo novas batalhas. De fato, a mudança de certas leis renovou a fé do novo homem. Na política, as mulheres ainda estão no estágio de Davi e Golias. Elas acreditam no efeito de uma única pedra! Sua fé se revigora quando elas e os maridos estão, como dizem, na mesma vibração.

A antiga situação do homem obcecado com os negócios, com uma vida encurtada pelo estresse e que teria um fim com a aposentadoria, foi revertida pela jovem esposa que estimulou seu hobby, a pintura, fazendo-o aposentar-se mais cedo para dedicar-se à arte e às viagens.

Nesses casos, manifesta-se a arte da coordenação em vez da ênfase imatura em diferenças irreconciliáveis. A maturidade traz a noção de que as atividades se interrelacionam e alimentam umas às outras.

Outra fonte de espanto para a nova mulher é que muitos dos novos homens já não têm as antigas ambições. Não desejam perder a vida construindo fortunas. Querem viajar enquanto são jovens, viver no presente. Encontrei-os viajando de carona pela Grécia, Espanha, Itália, França. Viviam totalmente no presente, suportando provações em nome de uma vida de aventura. Certa jovem sentia-se fisicamente despreparada para as dificuldades e levava consigo uma porção de vitaminas em sua única bagagem. Ela me contou: "Primeiro, ele zombou de mim, mas, em seguida, entendeu que eu não me sentia segura de aguentar fisicamente a viagem e se mostrou o mais protetor possível. Se tivesse me casado com um homem convencional, seu conceito de proteção seria o de me manter em casa. Eu não teria aproveitado todas as maravilhas que descobri com David, que desafiou minha força e me tornou mais forte ainda". Nenhum dos dois renunciou ao sonho de viajar na juventude.

Uma das perguntas mais frequentes que as jovens me fazem é: como uma mulher cria vida própria, uma atmosfera própria, quando a profissão do marido dita o estilo do casal? Seja ele médico, advogado, psicólogo, professor, o lugar onde moram, as exigências dos vizinhos, tudo isso determina o padrão de vida.

Judy Chicago, pintora e professora de renome, fez um estudo sobre mulheres pintoras e descobriu que, enquanto todos os pintores usavam ateliês separados da residência, as mulheres não tinham esse espaço e pintavam na cozinha ou em algum outro cômodo vazio. No entanto, muitas jovens interpretaram literalmente *Um quarto só seu*, de Virgínia Woolf, e alugaram ateliês longe da família. Um casal que morava numa casa de um cômodo só armou uma tenda no terraço para que a mulher pudesse escrever. O próprio sentimento de "sair para trabalhar", o distanciamento físico, o sentido de valor atribuído ao trabalho ao isolá-lo, tornou-se um estímulo e uma ajuda. Elas verificaram que, criar outra vida, não significava ruptura ou separação. É chocante como para a mulher qualquer interrupção ou separação carrega consigo algo de perda, como se um cordão umbilical simbólico ainda afetasse toda a sua vida emocional e cada ato significasse uma ameaça à unidade e aos vínculos.

Esse medo, próprio das mulheres e não dos homens, foi aprendido com eles. Levados por suas ambições, os homens de fato se separavam de suas famílias, eram menos presentes junto aos filhos, eram absorvidos, mergulhados na profissão. Mas o que aconteceu com eles não tem necessariamente que acontecer com as mulheres. O vínculo indissolúvel está nos sentimentos. Não são as horas passadas com o marido e filhos, mas a qualidade e a completude da presença. Muitas vezes, o homem está fisicamente presente e mentalmente preocupado. A mulher é mais capaz de se desligar do trabalho e dedicar atenção integral ao marido cansado ou ao dedo machucado do filho.

Se as mulheres presenciaram o pai "partir" para o trabalho, ficarão angustiadas quanto à própria "partida" para comparecer a reuniões, conferências, palestras ou outros compromissos profissionais.

Para a nova mulher e o novo homem, a arte de aliar e conciliar interesses distintos será um desafio. As mulheres de hoje não desejam um marido inexistente casado com o Big Business, e aceitarão uma vida mais simples para usufruí-la com um marido que não permitiu que as grandes empresas sugassem seu sangue. Vejo a nova mulher renunciando a muitos luxos. Gosto de vê-las vestidas com simplicidade, descontraídas, naturais, sem papéis a cumprir. Esse estágio de transição coloca a mulher diante de um problema delicado: como deixar de ser dominada e perder sua identidade num relacionamento, como aprender a se unir ao outro sem perder o próprio eu. O novo homem tem ajudado, mostrando-se disposto a mudar também, saindo da rigidez para a leveza, da contração à abertura, de papéis desconfortáveis à tranquilidade da inexistência de papéis.

Uma jovem recebeu uma oferta de emprego temporário como professora longe de casa. O casal não tinha filhos. O jovem marido disse: "Vá em frente, se é o que deseja fazer". Se ele tivesse discordado do plano, que fortaleceria sua carreira como professora, ela teria se ressentido. Mas, pelo fato de deixá-la ir, ela sentiu que ele não a amava o suficiente para retê-la. Ela partiu com o sentimento de ser abandonada, e ele ficou, sentindo a partida dela também como um abandono. Os quatro meses de separação poderiam ter causado uma ruptura, mas a diferença é que eles estavam dispostos a conversar sobre esses sentimentos, a rir de sua ambivalência e suas contradições.

Considerando que ainda existam no inconsciente reações que não controlamos, ao menos podemos evitar que elas prejudiquem o presente. Se ambos inconscientemente temiam o abandono, tinham de encontrar uma forma de crescer fora daquele padrão infantil. Do contrário, presos aos medos infantis, nenhum dos dois teria saído de casa. Ao expô-los, puderam rir da incoerência entre querer liberdade e, ao mesmo tempo, desejar ser controlado.

Na nova mulher que desponta é comum que a afirmação das diferenças seja fortemente marcada por uma impressão de dissonância e desarmonia, mas trata-se somente de uma questão de descobrir as relações, conforme estamos descobrindo a relação entre arte e ciência, entre ciência e psicologia, entre religião e ciência. A harmonia não nasce de semelhanças, mas da arte de fundir os diferentes elementos que enriquecem a vida. As atividades profissionais tendem a exigir concentração demais, resultando em uma experiência limitadora para cada um. A inserção de novas correntes de pensamento, ampliando a gama de interesses, é benéfica para ambos, homens e mulheres.

É possível que algumas das novas mulheres e dos novos homens tenham receio de aventura e mudança. A vida de Margaret Mead* mostra que ela buscou um homem com a mesma

---

* Antropóloga norte-americana, autora de *Sexo e temperamento*. Foi casada três vezes, as duas últimas com os antropólogos Reo Fortune e Gregory Bateson. (N.T.)

paixão pela antropologia, e o resultado foi que seu marido se dedicou ao estudo das lendas, dos mitos tribais e ela ficou com o estudo do nascimento e a educação das crianças. Portanto, um interesse comum nem sempre significa igualdade.

Todos temos em nós as sementes de ansiedades deixadas pela infância, mas a determinação de viver com os outros uma intimidade e um amor harmônicos é capaz de superar todos os obstáculos, contanto que tenhamos aprendido a *integrar as diferenças*.

Ao observar esses jovens casais e a forma de solucionarem os problemas criados por essas novas atitudes e nova consciência, sinto que nos aproximamos de uma era de mais humanismo em que as diferenças e as desigualdades serão solucionadas sem guerra.

Yoko Ono propôs a "feminização da sociedade. O uso de inclinações femininas como força positiva para mudar o mundo [...] É possível evoluir sem se rebelar".

A empatia demonstrada por esses novos homens em relação à mulher nasceu da aceitação, por parte deles, de uma abordagem própria aos relacionamentos, mais emocional, intuitiva, sensória e humanista. Eles se permitem chorar (homens nunca choram), expressar vulnerabilidade, expor suas fantasias e partilhar uma intimidade mais profunda. Algumas mulheres estão perplexas com a nova convivência. Ainda não reconheceram que, para ter empatia, é preciso, até certo ponto, sentir o que o outro sente. Isso significa que se a mulher deve afirmar sua criatividade ou seus talentos, o homem tem que afirmar sua inegável aversão ao que se esperava dele no passado.

O novo tipo de homem jovem que tenho conhecido é excepcionalmente talhado para a nova mulher, mas ela ainda não consegue apreciar inteiramente sua ternura, sua proximidade cada vez maior da mulher, sua inclinação para a semelhança em vez da diferença. Pessoas que, um dia, viveram sob uma ditadura muitas vezes se sentem perdidas ao ter que se autogovernar. Tal perda é transitória: ela pode significar o começo de uma vida e de uma liberdade totalmente novas. O homem está ali, e ele é um igual. Ele trata você como um igual. Em momentos de incerteza, você ainda pode conversar com ele sobre problemas inabordáveis há vinte anos. Peço às mulheres de hoje que, por favor, não confundam sensibilidade com fraqueza. Foi esse o erro que quase arruinou nossa cultura. A violência confundida com poder, o abuso do poder pela força. A submissão ainda vale em filmes, no teatro, nos meios de comunicação. Queria que o herói de *O último tango em Paris* morresse imediatamente, mas ele só foi destruído no final! Levou um filme inteiro. Será que as mulheres levarão tanto tempo assim para identificar o sadismo, a arrogância e a tirania refletidos de forma tão dolorosa no mundo externo, na guerra e na corrupção política? Iniciemos uma nova ordem de honestidade, de confiança, sem falsos papéis nos nossos relacionamentos. Ela acabará afetando a história do mundo e o desenvolvimento das mulheres.

# LIVROS, MÚSICA E FILMES

# Sobre verdade e realidade*

No início da vida, lemos livros que mergulham em nossa consciência e parecem desaparecer sem deixar vestígios. E, então, um dia, ao fazer um apanhado geral da vida e de nossas atitudes frente às experiências, percebemos a imensa influência deles. *Truth and Reality* [Verdade e realidade], de Otto Rank, é um desses livros, que li aos trinta e poucos anos. Em francês, o título é *La Volonté du Bonheur* [A vontade da felicidade]. Eu li palavra por palavra, e o livro deve ter penetrado muito fundo, alcançando um lugar fora da minha consciência, nas profundezas do meu subconsciente. Para mim, aquela leitura não foi uma experiência intelectual, mas sim algo profundamente emocional. Assim, o significado desse livro, seus princípios norteadores, mergulharam no meu inconsciente e nunca mais o reli até que, graças a Virginia Robinson e Anita Faatz, o redescobri e constatei que toda a minha vida de mulher artista tinha sido influenciada por ele e comprovado sua sabedoria.

Devo ter me orientado pelos seus princípios. Dr. Rank enfatizou diversas metas, e mais adiante comentarei sobre como era muito mais difícil para uma mulher alcançá-las do

---

* Palestra proferida na reunião da The Otto Rank Association, em Doylestown, Pensilvânia, em 28 de outubro de 1972. Publicado pela primeira vez no *Journal of the Otto Rank Association*, em junho de 1973.

que para um homem. No livro, Rank se refere constantemente à "vontade criativa". Cheguei a esquecer essa expressão e usava outra, pessoal, em seu lugar: obstinação. Eu costumava dizer que era mais obstinada do que outros escritores. Eu não desistia, jamais desisti, mas não chamava isso de vontade criativa. É uma bela expressão.

Às vezes, essa vontade criativa se manifesta muito cedo. Aos nove anos, corri perigo de vida. Um médico fizera um diagnóstico errado, indicando uma tuberculose óssea no quadril e que eu jamais voltaria a andar. Minha reação instantânea foi pedir papel e lápis e começar a fazer retratos escritos de toda a família, a escrever poemas. Cheguei a escrever "Membro da Academia Francesa" – para mim a mais elevada honraria atribuída a um escritor – na capa dessas anotações. Era uma atitude de desafio; na verdade, uma recusa ao desespero, uma recusa à submissão à condição humana, às tristezas humanas, às deficiências humanas. Uma cirurgia de última hora salvou minha vida. Ali, porém, foi onde comecei a escrever: uma dramatização da solução do artista aos obstáculos da vida. Por toda a vida, falei e escrevi muito sobre o artista. Muitas vezes fui mal interpretada como preciosista, excluindo quem não fosse artista e pessoas criativas, mas não era isso. Aprecio, da mesma forma, os que não são artistas, mas para mim artista simplesmente significa alguém que, com sua habilidade, é capaz de transformar a vida comum numa bela criação. Eu não me referi à criação como estritamente aplicada às artes, quis dizer criação na vida, criação de um filho, de um jardim, uma casa, um vestido. Referia-me à criatividade em todos os aspectos. Não somente a verdadeira produção artística, mas a capacidade de curar, de consolar, de elevar a qualidade de vida, transformando-a com os próprios esforços. Eu estava falando sobre a vontade criativa, que o dr. Rank opunha à neurose como nossa salvação. Quando o conheci (aos 28 anos), sentia-me oprimida e, de fato, encurralada por minhas obrigações, pela condição humana específica da mulher, treinada para a dedicação, o serviço e a lealdade ao seu mundo pessoal. Comecei pelas deficiências que compartilho com tantas outras pessoas: o lar desfeito, a mudança radical para um país estrangeiro com idioma desconhecido. Tudo contribuía para a criação de uma criança alienada. Eu achava dificílimo penetrar no fluxo da vida, difícil e doloroso por haver sempre a luta dupla, descrita pelo dr. Rank em *Truth and Reality*: o conflito entre ser diferente e querer estar próximo dos outros. Sentia-me diferente, mas ansiava por amizades e amor. A batalha para conservar minha diferença foi acentuada pelos contrastes culturais e a mudança de país, pelo problema do idioma. Eu me via apegada aos valores que haviam me ensinado, mas queria ser aceita pela cultura que adotara. Por fim, aprendi a língua e me apaixonei, de verdade, pelo inglês. As duas culturas, entretanto, trabalhavam contra meu senso de unidade, duas culturas opostas, a europeia e a norte-americana.

Quando procurei o dr. Rank, em vez de lidar com os problemas imediatos, as dificuldades nos meus relacionamentos, os conflitos culturais, os conflitos entre escritora de ficção e de diários, entre a mulher e a escritora, ele percebeu de imediato a seriedade da minha existência como escritora. Ele se concentrou no elemento mais forte do meu eu dividido e caótico. Quaisquer que fossem as experiências desagregantes que eu estivesse vivenciando, a escrita era o ato integrador. O que ele fez foi praticar a própria filosofia, ou seja, desconsiderar as negatividades que costumamos levar para o terapeuta e focar no elemento positivo preponderante na minha natureza: a obstinada preocupação com a produção literária. Achava incrível ele deixar de lado os problemas humanos. Mais tarde, pude compreender essa atitude como um toque de genialidade. Em primeiro lugar, ele me pediu para colocar meu diário sobre a mesa, ou seja, para renunciar a ele como um lugar escondido, secreto, para uma existência isolada. Assim, eu compartilhava tudo com ele. Percebi mais tarde que ele havia voltado todo o problema da vida humana para o problema da vontade criativa, e que contava com essa vontade criativa para encontrar suas próprias soluções. O dr. Rank desafiava minha vontade criativa e, ao fortalecê-la, comecei a modificar a vida pessoal. A mudança veio de dentro, uma força capaz de resolver conflitos e dualidades. Eis por que atribuo tanta importância ao artista, porque ele possui esse poder desde o começo. Mesmo nos períodos mais sombrios da história social, os acontecimentos externos seriam modificados se tivéssemos um centro. Somente na esfera privada aprendemos a transmutar o feio, o terrível, os horrores da guerra, as maldades e as crueldades do homem num novo tipo de ser humano. Não digo aqui para virar as costas ou fugir. Não podemos dar as costas para a história social, porque é preciso manter nossas responsabilidades perante a sociedade, mas precisamos criar um centro de força e resistência diante das decepções e falhas nos acontecimentos externos. Hoje trabalho por causas que considero valiosas, mas isso é no mundo da ação. O mundo de onde extraímos nossa sabedoria, lucidez, poder de agir, coragem, fica nesse outro mundo que não é uma fuga, mas um laboratório da alma. É esse mundo interior que o dr. Rank ansiava para que criássemos, e para isso ele precisava nos livrar do sentimento de culpa, inculcado em nós, na direção do crescimento individual. Em *Truth and Reality,* ele reafirma que a cultura tenta nos fazer sentir que o indivíduo ativo está realmente ameaçando o crescimento de seus semelhantes. E eu tinha esse problema, assim como tantos estudantes de hoje. Quando eu falava sobre crescimento individual como forma de contribuir para o coletivo, eles pensavam que eu queria dizer virar as costas e refugiar-se numa torre de marfim. Para mim, foi o lugar onde fiz o trabalho espiritual mais difícil, onde pratiquei a confrontação de obstáculos psicológicos para ser capaz de agir e viver no mundo sem desespero, sem perder a fé. Foi o lugar onde reconstruí aquilo que o mundo externo havia desintegrado. Isso porque é tão importante viver fora da história quanto viver dentro dela. Pelo fato de que a história não passa de um agregado de hostilidades pessoais, de preconceitos pessoais, de irracionalidade e cegueira pessoais, há momentos em que temos de viver contra ela. Nossa cultura norte-americana valoriza nossa vida somente como extrovertidos. Desestimulamos a jornada interior, a busca de um centro, e, assim, perdemos nosso centro e tivemos de reencontrá-lo.

Perguntaram-me outro dia se chegaríamos a um tempo em que não haveria necessidade de terapia. Respondi que não, até que deixássemos de nos perturbar com a falta de centro. Dr. Rank falou sobre isso e mencionou que a culpa acompanha todo ato de vontade, seja a vontade criativa ou a afirmação de nossa vontade pessoal. Ele sabia da extensão da nossa culpa. O artista sabe. A história de vida dos artistas o demonstrou muitas vezes. Era frequente a necessidade que tinham de justificar sua obra, de justificar sua concentração e até sua obsessão em relação a ela.

Ora, na mulher esse problema é bem mais profundo, porque a culpa que a aflige é mais profunda do que no homem. Espera-se que ele seja um realizador. Espera-se que se torne o melhor médico, o melhor advogado, o melhor professor etc. O que quer que ele faça, é uma expectativa da sociedade e ele é liberado da culpa ao ser produtivo. No entanto, a mulher foi treinada para colocar em primeiro lugar suas obrigações pessoais, ou seja, a casa, os filhos e o marido, a família. Cabiam-lhe tarefas que absorviam toda a sua energia, e o próprio conceito de amor estava associado ao conceito de cuidado e sustento, em termos físicos ou simbólicos. Quando ela diminuiu as horas de dedicação e direcionou sua energia para outros interesses, a mulher sentiu uma culpa redobrada. Foi conscientizada de que estava falhando com suas responsabilidades pessoais, e suas outras realizações eram duramente desvalorizadas pela cultura. Assim, a culpa é muito mais profunda na mulher e, em muitos casos, torna-se a raiz de sua neurose ou até de uma patologia.

Então, existe outra culpa específica das mulheres. Nossa cultura enfatiza a rivalidade, a competição, como uma motivação legítima. Entretanto, qualquer avanço conquistado por uma mulher era considerado como competitivo ainda que não fosse essa a motivação. Quando eu era muito jovem, afirmava preferir ser mulher de um artista do que ser, eu mesma, uma artista. Era uma forma de evitar o conflito. Eu me realizaria indiretamente pelo homem, seria tudo o que o artista precisava, a saber, sua musa, assistente, a mãe protetora e carinhosa. Aos vinte anos, esse papel me parecia mais confortável. Só depois de conhecer o dr. Rank compreendi que tinha um trabalho pessoal a fazer.

Quando nos realizamos por intermédio de alguém, esperamos que o outro faça o nosso trabalho e ficamos decepcionadas ao vê-lo cuidar do dele, contrariando nossa vontade. Antes de conhecer o dr. Rank, eu concebia o crescimento como uma grande árvore oferecendo cobertura a outras árvores, assim ameaçando o florescimento delas ao absorver toda a luz. Meu desejo era crescer, porém sem interferir no crescimento de quem quer que fosse. Em última análise, devo ter imaginado o crescimento como uma gigantesca sequoia. Jamais ouvi falar de um artista masculino preocupado com o efeito de seu crescimento e expansão sobre a família. Aceitamos o fato de que o trabalho dele justifica todos os sacrifícios. A mulher, no entanto, não sente que essa seja uma justificativa suficiente.

Como mulher, eu tinha plena consciência de que meu mundo pessoal era a minha fonte de força e de energia psíquica. A raiz da minha inspiração era a criação de um mundo pessoal perfeito. Então, o interesse da mulher é o de não perder esse centro, que ela sabe ser valioso. Da mesma forma que um mergulhador de águas profundas carrega um tanque de oxigênio, temos de levar conosco para o mundo a essência do nosso crescimento individual, para podermos suportar as pressões, as pressões esmagadoras das experiências externas. Mas jamais perdi de vista sua interdependência, e hoje encontro no dr. Rank a seguinte afirmativa: "Qualquer realização nossa interna modificará a realidade externa".

Segundo a cultura norte-americana, passei muitos anos fazendo o que é definido como um trabalho egocêntrico, um trabalho introspectivo e subjetivo, egoísta. Escrevia um diário que me mantinha em contato com meu eu mais profundo, que funcionava como um espelho refletindo meu crescimento ou as pausas dele, e também me tornando mais atenta ao crescimento daqueles à minha volta. Continuei dependente do terapeuta por tantos anos porque ele me livrava da culpa cultural e me projetava em novos ciclos. Cada ciclo, um drama diferente. O primeiro foi a relação com um pai ausente; o segundo ciclo foi a relação com a mãe, de quem absorvi o conceito de sacrifício feminino; o terceiro foi a afirmação de minha vontade criativa pessoal. Uma análise final, sintetizadora, feita por uma mulher me levou, finalmente, a uma harmonia entre todas as partes do meu eu. Só após a publicação dos diários e da comprovação de sua utilidade para os outros pude me livrar inteiramente da culpa. O que mais uma vez confirma a opinião do dr. Rank de que seja qual for a nossa conquista, ela será, no final das contas, um presente nosso para a comunidade e para a vida coletiva. Dr. Rank suspeitava, como eu, que as atividades em grupo enfraquecem nossa vontade. Elas podem ser um consolo para a solidão, mas não estimulam a vontade criativa individual. É necessário estabelecê-la primeiro antes de se envolver em atividades em grupo. Para o dr. Rank, a suprema realização era essa vontade criativa capaz de resistir a diversos tipos de lavagem cerebral. Por tantas vezes vi, em grupos femininos, pessoas trazendo para o grupo somente problemas pessoais, neuróticos, que deveriam ser levados para a terapia, dado que o grupo não é treinado para resolver esse tipo de problema. Não devemos trazer para a esfera coletiva um eu incompleto, estressado, caótico, confuso, doente ou ferido.

    Neste momento, gostaria de conversar com vocês. Existe uma palavra galesa de que gosto muito, *furrawn*. Ela significa um tipo de conversa que cria intimidade. Gostaria de saber se vocês têm perguntas a colocar ou coisas para me dizer em relação a essa vontade criativa, a grande contribuição do dr. Rank à psicologia da mulher.

**PERGUNTA:** O que acha que o grupo pode fazer por nós?

**ANAÏS NIN:** Quando se tem uma ideia clara do problema, o grupo pode ajudar na sua solução, mas nem sempre temos uma noção clara sobre o que nos perturba. Acho que o grupo pode fazer as mulheres se sentirem menos sozinhas e se darem conta de que muitos problemas são semelhantes. A força do grupo é a mesma oferecida pelas amizades sólidas, mas não acho que o grupo possa proporcionar autoconsciência ou força de uma forma permanente.

**P:** Poderia comentar rapidamente sobre as escritoras da atualidade? Só consigo pensar em duas delas, Joan Didion e Sylvia Plath. Tenho lido resenhas sobre seus livros, mas, depois de lê-las, me vi relutante a ler o que escreveram.

**AN:** É possível que você tenha sentido o que senti, que escritoras que só escrevem sobre desespero, desesperança, destrutividade não atraem. Não estou falando em termos de literatura. Essa é a razão para eu não gostar do livro de Simone de Beauvoir sobre envelhecimento. Senti que ela aceitava a idade cronológica, quando não existe generalização sobre idade. A idade é psíquica também. Algumas pessoas leem para confirmar o próprio desamparo. Outras leem para serem resgatadas dela.

**P:** Poderia comentar um pouco mais sobre a força salvadora de vidas e o processo de revitalização dentro da torre de marfim?*

---

* Expressão metafórica utilizada para representar a atitude de indiferença e de distanciamento em que se colocam alguns escritores/artistas, em recusa ostensiva do mundo exterior. (N.T.)

**AN:** Uma das respostas está em *Truth and Reality*, de Otto Rank. Esse é o processo pelo qual nos criamos. A outra está na terapia. Terapia não é somente uma cura para a neurose. É uma lição de como crescer, como superar os obstáculos ao nosso crescimento. As experiências tendem a nos alienar. Nós nos fechamos numa postura defensiva. Para nos proteger da dor, embotamos nossas reações. A psicologia remove as cicatrizes, os medos, as inflexibilidades que nos impedem de expandir. É um processo revitalizante.

# A história de minha prensa tipográfica*

Na década de 1940, dois dos meus livros, *Inverno de artifício* e *Debaixo de uma redoma*, foram rejeitados por editores norte-americanos. *Inverno de artifício* fora publicado na França, em inglês, e recebera elogios de Rebecca West, Henry Miller, Lawrence Durrell, Kay Boyle e Stuart Gilbert. Ambos não foram avaliados como livros comerciais. Quero que os escritores saibam onde se posicionam em relação a vereditos como esse por parte das editoras e que ofereçam uma solução que hoje ainda seja eficaz. Ocorrem-me autores que equivalem a pesquisadores científicos, cujo apelo não gera ganhos imediatos.

Não aceitei o veredito e decidi imprimir meus livros. Comprei, então, uma prensa tipográfica usada por setenta e cinco dólares. Ela era movida com os pés como as máquinas de costura antigas, e era preciso pressionar vigorosamente o pedal e, assim, gerar força suficiente para acionar a engrenagem.

Frances Steloff, proprietária da Gotham Book Mart, em Nova York, emprestou-me cem dólares para a empreitada e Thurema Sokol, outros cem. Comprei tipos por cem dólares, caixotes de laranjas usados para as prateleiras e adquiri aparas

---

* Extraído de *Publish-It-Yourself Handbook,* Pushcart, 1973.

de papel, o equivalente a comprar restos de peças de tecido para confeccionar um vestido. Parte desse papel era bem bonita, sobras de edições de luxo. Contei com a ajuda de um amigo, Gonzalo More. Ele tinha um dom para criar livros. Aprendi a alinhar os tipos, e ele manejava a máquina. Aprendemos a imprimir usando livros da biblioteca, o que deu margem a incidentes cômicos. Por exemplo, o livro dizia, "lubrifique os rolamentos", então lubrificamos todos os rolamentos inclusive os de borracha e, depois, ficamos imaginando por que não fora possível imprimir por uma semana.

James Cooney, da revista *Phoenix*, nos brindou com um aconselhamento técnico. Nossa falta de conhecimento a respeito do inglês impresso também nos fez cometer alguns erros como o da minha (hoje famosa) separação de sílabas em *Inverno de artifício*: "lo-ve". Entretanto, o mais importante de tudo, assentar manualmente cada letra me ensinou economia de estilo. Depois de ficar numa página por um dia inteiro, eu conseguia detectar palavras supérfluas. Ao final de cada linha eu pensava, será que essa palavra, aquela expressão, era absolutamente necessária?

Um trabalho árduo, de paciência, colocar o texto sobre a bandeja de tipos, travar a bandeja, carregar a bandeja pesada até a máquina, operar a máquina em si, que devia ser abastecida de tinta manualmente, instalar as chapas de cobre (para as ilustrações) sobre suportes de madeira grossa para poder imprimi-las. A impressão com as chapas de cobre significava aplicar tinta em cada chapa em separado, limpá-la depois de uma impressão para, então, recomeçar todo o processo. Levei meses para fazer a composição tipográfica de *Debaixo de uma redoma* e *Inverno de artifício*. Em seguida, as páginas impressas eram colocadas entre mata-borrões para, depois, serem cortadas, reunidas em cadernos e juntadas para a encadernação. Por fim, os tipos deviam ser redistribuídos nas caixas.

Tivemos dificuldade para encontrar um encadernador disposto a se comprometer com tiragens tão pequenas e a aceitar o formato atípico dos livros.

Frances Steloff concordou em distribuí-los e presenteou-me com uma noite de autógrafos na Gotham Book Mart. O acabamento dos livros ficou muito bonito e hoje são peças de colecionador.

A primeira edição de *Inverno de artifício* foi de trezentos exemplares, e um editor que encontrei numa festa exclamou: "Não sei como você conseguiu se tornar tão conhecida com apenas trezentos livros".

Frances Steloff ofereceu um exemplar de *Debaixo de uma redoma* a Edmund Wilson, que escreveu uma apreciação favorável do livro para o *New Yorker*. Imediatamente todos os editores se prontificaram a reproduzir ambos os títulos em edições vendáveis.

Naquela época, não usávamos a palavra "underground", mas aquela minúscula editora e o boca a boca fizeram com que meus escritos fossem descobertos. A única desvantagem era que os jornais e as revistas não davam atenção a livros publicados por pequenas editoras e era quase impossível conseguir uma avaliação. A de Edmund Wilson fora uma exceção e ela me lançou. Devo isso a ele e só sinto que sua aceitação não tenha se estendido ao restante de minha obra.

Precisei reimprimir ambos os livros com um empréstimo do advogado Samuel Goldberg.

Alguém sugeriu que eu deveria mandar a história da prensa para o *Reader's Digest*. Eles responderam dizendo que, se eu precisava imprimir os livros por conta própria, eles deviam ser ruins. Muitos ainda acreditam nisso e, por vários anos, houve uma suspeita de que minhas dificuldades com as editoras indicavam que meu trabalho seria de qualidade duvidosa. Um ano antes da publicação do diário, um aluno de Harvard escreveu no *Harvard Advocate* que o silêncio dos críticos e a indiferença das editoras comerciais deveriam necessariamente significar que o trabalho era inferior.

Uma tiragem de trezentos exemplares de *Inverno de artifício*, com impressão, composição de tipos e encadernação custou quatrocentos dólares. Cada livro foi vendido a três dólares. Imprimi um folheto de propaganda e o distribuí entre amigos e conhecidos. A tiragem completa de ambos os livros se esgotou.

Mas o esforço físico era tão desgastante que acabava interferindo nos meus escritos. Essa foi a única razão para eu aceitar a oferta de uma editora comercial e desistir da prensa. Do contrário, eu gostaria de ter continuado com minha própria máquina, controlando o conteúdo e o design dos livros.

Lamentei ter desistido da prensa, porque com os editores comerciais vieram os problemas. Àquela época, como agora, eles queriam retornos rápidos e robustos. Essa aposta em retornos rápidos nada tem a ver com as necessidades mais profundas do público leitor, nem a escolha feita por uma editora é representativa da escolha das pessoas. O pontapé inicial começa com a crença da editora que respalda sua escolha com propaganda disfarçada de apreciação literária. Dessa forma, os livros são impostos ao público como qualquer outro produto.

No meu caso, a atitude ilógica das editoras era clara. Elas me contrataram como uma escritora de prestígio, mas uma escritora de prestígio não angaria publicidade e, assim, as vendas foram modestas. Cinco mil cópias da publicação comercial de *Ladders to Fire* não foram suficientes.

É impossível definir a qualidade universal do texto bem escrito, algo que as editoras alegam reconhecer. Mesmo assim, meus livros, que supostamente não tinham essa qualidade universal, foram comprados e lidos por todo tipo de pessoa.

Hoje, em vez de me sentir amargurada com a oposição das editoras, fico feliz que elas tenham me rejeitado, pois a prensa me deu independência e confiança. Sentia-me em contato direto com meu público, o que foi suficiente para me sustentar pelos anos seguintes. Minhas primeiras negociações com as editoras foram desastrosas. Elas não se satisfizeram com as vendas imediatas, e nem as editoras nem as livrarias estavam interessadas em vendas no longo prazo. Mas felizmente encontrei Alan Swallow em Denver, no Colorado, um editor autodidata e independente que começara com uma prensa em sua garagem. Ele adotara o que chamava de seus "escritores dissidentes". Ele manteve todos os meus livros publicados, contentava-se em ganhar para seu sustento, e nossas lutas comuns criaram um forte vínculo. Ele vivia os mesmos problemas de distribuição e avaliação que eu e nos ajudávamos mutuamente. Ele viveu o bastante para ver o início de minha popularidade, o sucesso dos diários, para ver os livros que ele mantivera vivos sendo ensinados nas universidades. Estou escrevendo sua história no Volume Seis do diário.

Essa história indica que as editoras comerciais, no papel de grandes estabelecimentos empresariais, deveriam sustentar escritores inovadores e experimentais, assim como os negócios sustentam pesquisadores, sem esperar deles retornos expressivos imediatos. Eles anunciam novas atitudes, novas consciências, novas evoluções no gosto e na mente das pessoas. Eles são os pesquisadores que sustentam a indústria. Hoje minha obra está em harmonia com os novos valores, a nova busca e estado de espírito dos jovens. Tal sincronia é algo que ninguém poderia ter previsto, a não ser mantendo a mente aberta à inovação e ao pioneirismo.

# Um romancista no palco*

Acaba de ser publicada, em um único volume, a obra completa da dramaturgia de D.H. Lawrence, a saber, três peças na íntegra e fragmentos de duas, escritas em diferentes momentos de sua carreira literária, a partir de 1909. Apesar da misteriosa falta de um comentário de apresentação qualquer, e de Lawrence não ser amplamente reconhecido por sua escrita teatral (apenas algumas peças chegaram a ser produzidas), a coletânea é interessante por lançar uma luz sobre os esforços de Lawrence para expressar suas ideias em outro formato.

As peças agradam àqueles perplexos diante da tentativa única e ousada de Lawrence de quebrar a superfície do naturalismo em seus romances, de encontrar uma forma de liberar emoções, instintos, intuições, de encontrar uma linguagem especial dos sentidos. A forma dramatúrgica, com suas graves limitações à expressão lírica, não parecia atender aos objetivos de Lawrence.

Nas peças, que exploram desde situações de comédia ao realismo, Lawrence respeita a necessidade de ação e diálogo, uma fidelidade ao que é manifesto na superfície e no diretamente expresso. Faltam a exploração profunda das motivações e as

---

* Resenha de *The Complete Plays of D.H. Lawrence*, publicada no *The New York Times Book Review*, 10 de abril de 1966.

ambivalências emocionais. Simples, diretas, clássicas e livres de impurezas, essas peças lembram a perfeita representação da ilusão da realidade pelo Teatro de Arte de Moscou. Lawrence não ambiciona tensão ou grandes desfechos; ele se contenta em apresentar um retrato realista dos instantes. Ele não tenta quebrar as convenções teatrais como fez com as do romance.

Os temas favoritos de Lawrence, semelhantes aos temas de seus romances, são reduzidos a uma falta de arte extrema. Por vezes, sua lealdade ao diálogo comum é demasiada, como em *The Daughter-in-Law,* em que ele recorre a um coloquialismo abreviado para o dialeto falado, quase ininteligível para mim. Ele registra a atmosfera da pobreza. Interessa-se pelos padrões simples do cotidiano que ajudam a conter explosões de emoção. Ele provê esses padrões com um significado ritualista, levando a estados mentais mais profundos. Servir o alimento, as próprias descrições dos alimentos, lavar roupa, passar, dobrar os lençóis, assar o pão, acender lâmpadas ou velas são âncoras e raízes que evitam explosões emocionais.

Seus momentos poéticos são sensíveis e singelos. Em *The Widowing of Mrs. Holroyd,* enquanto o marido bebe no bar, a sra. Holroyd recebe a visita de Blackmore, o eletricista que trabalha perto de uma mina e que se descreve como um cavalheiro: "Nosso trabalho é de cavalheiros".

> *Ela coloca as mãos espalmadas sobre a mesa e se reclina para trás. Ele se aproxima dela, baixando a cabeça.*
> BLACKMORE: Olhe aqui! (*Ele coloca a mão sobre a mesa, perto da dela.*)
> SRA. HOLROYD: Sim, eu sei que você tem belas mãos, mas não precisa se envaidecer delas.

> BLACKMORE: Não – não se trata disso – mas elas não parecem. – (*Ele repara rapidamente nela; ela vira a cabeça de lado; ele ri, nervoso.*) – Elas meio que combinam, uma com a outra. (*Ele ri novamente.*)
> SRA. HOLROYD: É, combinam mesmo.

Trata-se de um momento relevante na peça, dado que a atração entre eles, dramatizada pela cena suave, tem todo um preparo e suas consequências. Blackmore está ciente de que a sra. Holroyd sofre com o alcoolismo do marido, sabe que ele maltrata a família quando volta de suas noitadas de bebedeira e que já a humilhou trazendo prostitutas para casa. A sra. Holroyd já desejara a morte dele para se ver livre dele, e o confessara a Blackmore. Entretanto, quando o marido morre num acidente na mina, ela surta, sentindo seu desejo como a causa da morte do marido. Desesperada, ela diz: "Nunca o amei o suficiente".

Em *The Married Man*, Lawrence tenta a comédia leve com menos êxito. Ele lida com infidelidades complicadas, mas acrescenta pequenos toques típicos de sua escrita: "Deveria achar que a coisa mais fácil da vida seria escrever um poema sobre um sofá. Nunca vejo um sofá, mas meu coração busca a poesia. Os próprios botões devem ter o que falar".

Todas as peças prenunciam a série de filmes realizados bem mais tarde sobre as classes operárias na Inglaterra: os humores para *The Loneliness of the Long Distance Runners*, de Tony Richardson, e *Saturday Night and Sunday Morning*, de Karel Reisz, uma suavidade indizível, ambições frustradas, atmosferas de limitação e abatimento.

Em *The Daughter-in-Law*, a esposa abandona o marido infiel, mas, ao retornar, constata que ele foi ferido numa greve. Eles redescobrem a profundidade do amor que um tem pelo outro.

Em *Touch and Go,* Lawrence aborda um tema social e mostra ser capaz de prever, ainda na década de 1920, que a luta do trabalho contra o capital seria frustrada não por fatores objetivos (se as reivindicações eram justas ou não), mas pela resistência subjetiva, irracional e pessoal dos indivíduos.

*A Collier's Friday Night,* que se equipara a *Sons and Lovers,* talvez seja a mais tocante de todas as peças. O pai bebe e é um bruto, a mãe se sente superior a ele e transfere seu amor para o filho. Ela fica enciumada, ao perceber o filho interessado por uma jovem, Maggie, e quando ele vai visitá-la, a mãe não consegue dormir até que ele esteja em casa, são e salvo. Quando o filho tenta explicar que existiam diferentes tipos de amor, que havia coisas que ele podia falar com Maggie, mas que não podia conversar com ela, a mãe só consegue repreendê-lo por não a amar acima de qualquer outra pessoa. A peça termina com a total expressão de seu amor, uma ternura avassaladora. "Existe no tom deles uma perigosa gentileza, tanta gentileza que a reserva segura de suas almas é quebrada".

É essa reserva (raramente quebrada nas peças) que as torna menos reveladoras de outras dimensões como os romances, em que Lawrence se mostrou um explorador das cavernas do inconsciente. Ele penetrou por domínios que as pessoas temiam e não reconheciam. Retratou ambivalências, dualidades e estados instintivos, intuitivos. Permitiu que seus personagens passassem por momentos de desespero, de perda de controle, de impulsividade cega. Aqueles que não se sentem à vontade com essas explorações, que não desejam presenciar nenhuma eclosão do irracional no padrão da tradição harmoniosa, vão preferir as peças, com seu distanciamento e organização linear.

# Fora do labirinto: uma entrevista*

**EAST WEST JOURNAL:** Em que momento de sua vida você reconheceu um compromisso pessoal como escritora?

**ANAÏS NIN:** Muito cedo, devido a um diagnóstico equivocado aos nove anos de idade, de que eu não voltaria a andar. Imediatamente comecei a escrever, e depois disso, claro, iniciei o diário aos onze.

**EWJ:** Você lia muito quando criança?

**AN:** Sim, era uma leitora voraz.

**EWJ:** Nos diários, você menciona Marcel Proust muitas vezes. A obra dele influenciou seus escritos?

**AN:** Proust foi muito importante. Foi quem primeiro me ensinou a transgredir a cronologia (que nunca me agrada) e a obedecer aos ditames e às intuições da memória, da memória sentimental, de modo que ele só escrevia sobre algo quando conseguia senti-lo, quando quer que acontecesse. É evidente que esse elemento se tornou muito forte na minha obra. Houve, porém, outras influências. Eu queria escrever um romance poé-

---

* Entrevista concedida a Jody Hoy para o *East West Journal*, em agosto de 1974.

tico e, para tal, escolhi modelos como Giraudoux, Pierre-Jean Jouve e também Djuna Barnes, escritora norte-americana, autora de *Nightwood*. Mais tarde, foi D.H. Lawrence. Lawrence mostrou-me o caminho para a linguagem da emoção, para o instinto, a ambivalência, a intuição.

**EWJ:** Você se identifica como uma escritora norte-americana?

**AN:** Na verdade, escrevo para os Estados Unidos e em inglês, mas gostaria de ir mais além. Não posso afirmar que sou uma escritora norte-americana, embora me identifique com a nova consciência. Prefiro pensar em mim em termos mais universais ou internacionais, especialmente porque convivo com duas culturas. Por outro lado, muitos escritores estrangeiros foram incorporados à corrente dominante da literatura norte-americana, mesmo que os norte-americanos ainda digam "o estrangeiro Nabokov" e, no meu caso, "Anaïs, nascida em Paris".

**EWJ:** Será a base transcultural à qual se refere uma possível fonte da densidade interna e do fluxo na sua obra?

**AN:** Sempre senti que a qualidade do conteúdo resultou do trauma de ter sido arrancada das minhas raízes e ter perdido meu pai, e depois de entender que eu tinha de construir um mundo interior que suportasse a destruição. A criança que perde suas raízes começa a compreender que o que ela constrói internamente é o que vai perdurar, é o que vai suportar as experiências destruidoras.

**EWJ:** Muitas vezes seus escritos evocam a forma de uma sinfonia. Você sente que a música influenciou sua produção literária?

**AN:** Sim, fortemente. Cheguei a afirmar assim, com essa clareza, no diário, que meu ideal era uma página escrita como uma partitura. É preciso haver uma linguagem, uma forma de expressão, que contorne o intelecto e atinja diretamente as emoções. Eu queria evocar, com a escrita, a mesma reação provocada pela música.

**EWJ:** Interessa-me o processo criativo em si, como você passa da visão interior para sua exteriorização na literatura.

**AN:** Minha preocupação era que a realidade exterior guardasse o segredo de uma metáfora. Jamais descreveria a cidade, os vagabundos ou uma pessoa sem procurar o significado interior. Quando se está preocupado com o significado metafísico, tudo se torna transparente. Jamais descrevi uma cidade por ela em si, tinha de identificar de imediato suas qualidades espirituais. Seu valor simbólico é o que a faz parecer transparente, as pessoas podem até dizer que parece sonho, mas aquilo não era o que de fato era.

**EWJ:** Que lugar você daria ao sonho em sua obra, e qual sua significância quanto à constância do fluxo e da comunicação entre consciente e inconsciente?

**AN:** Infelizmente, tendemos a separar tudo. Separamos corpo e alma. Separamos sonho e vida diária. Descobri na psicologia a inter-relação entre eles e eu queria manter esses acessos livres, para poder ir de uma dimensão a outra, para não as dividir, de modo a constituírem, de fato, uma unidade. O passo seguinte era levá-la para o romance, sempre começando o romance com um sonho, fazendo aquele sonho ser o tema do romance a ser desenvolvido, compreendido e realizado no final, se possível, de modo a poder passar para a experiência seguinte.

**EWJ:** Como você explica a identificação quase universal de suas leitoras com as personagens de seus romances?

**AN:** Acredito que, em termos universais, são as nossas emoções que nos unem, os nossos sentimentos diante da experiência e não necessariamente as experiências reais em si. Os fatos eram diferentes, mas as leitoras sentiam da mesma forma em relação a um pai, mesmo sendo o pai diferente. Assim, acho que, sem querer, mergulhei tão fundo naquilo que Ira Progoff chama de "poço pessoal", que toquei a água no nível em que ela interligava todos os poços.

**EWJ:** Será que parte de sua singularidade como escritora se deve ao fato de você se arriscar em domínios especificamente relacionados à situação e à experiência femininas?

**AN:** O que eu realmente conhecia era a minha atitude subjetiva em relação à realidade, o que eu podia ver e sentir. Eu li muito, mas não imitei escritores homens. Queria contar o que via. Surgiu, então, uma visão feminina do universo, uma visão personalíssima. Eu desejava traduzir o homem para a mulher e a mulher para o homem. Não queria perder o contato com a linguagem masculina, mas sabia da existência de níveis distintos.

**EWJ:** Em sua opinião, dentre as suas obras há uma que seja a mais bem escrita?

**AN:** Eu jamais conseguiria reescrever os contos. Não teria como acrescentar uma só palavra aos contos em *Debaixo de uma redoma*. Nada teria a modificar em *Collages*.

**EWJ:** Você emprega uma medida ou parâmetro artístico diferente para os diários?

**AN:** Ao escrever o diário, tentei deixar de lado, esquecer todos os procedimentos da produção textual. Não queria exigir nada de mim, se tinha escrito bem ou não. Desejava despejar aquilo tudo, e fui bem-sucedida porque sentia que ele jamais seria lido.

**EWJ:** Não era sua intenção original publicar os diários?

**AN:** Não.

**EWJ:** Como foi que vieram a ser publicados?

**AN:** Uma vez ou outra, sentia vontade de compartilhar uma parte do diário, ou escrevia algo de que me orgulhava. Deixei, de fato, que alguns lessem uma parte ali outra acolá. Por exemplo, deixei Henry Miller ler a descrição dele. Portanto, compartilhei um pouquinho. Mas o sentimento de que eu poderia resolver os problemas de editar um diário só ocorreu muito mais tarde quando, como romancista experiente, senti que podia lidar com o problema da editoração. E, também, tinha que lidar com o problema psicológico de ser franca, o medo de me expor. Tive um sonho aterrorizante em que eu abria a porta da frente e era atingida por uma radiação mortal. No entanto, aconteceu o oposto. Eu superei esse medo, superei os problemas de editoração e então, claro, fui franca e aberta.

**EWJ:** Você usa o diário como recurso para seus romances e contos?

**AN:** Sim, de fato, ele é um bloco de anotações. Às vezes, se eu ficar escrevendo sobre alguém que me interessa, depois de certo tempo, terei um retrato acabado dessa pessoa. Não pensamos nos amigos dessa forma, nós os vemos um pouco ali, um pouco acolá. De repente, vejo a pessoa por inteiro e, aí, escrevo a história.

**EWJ:** Sua beleza excepcional foi uma vantagem ou uma desvantagem?

**AN:** Algumas vezes, ela funcionou como vantagem quando era possível encantar um crítico, noutras era realmente um entrave. Mesmo entre as mulheres, há um sentimento de que beleza significa que não existe nada no interior. Nunca acreditei na minha, o que tornou tudo muito simples.

**EWJ:** Nos diários, você se refere com imenso carinho ao seu lar em Louveciennes. Para você, nos seus romances, o ambiente é uma extensão da personalidade da mesma forma como um traje é uma extensão simbólica do caráter?

**AN:** Sim. Acredito também que precisamos mudar nosso ambiente à medida que evoluímos. Sei que a história de Louveciennes se encerrou em determinado momento. Ao relembrá-la, digo que foi no momento certo. Ainda que seja doloroso e você não esteja necessariamente consciente do término de certa experiência, você bem sabe, algo a empurra para fora. Fui empurrada para fora de vários lares. Quando determinado ciclo termina, a casa, em si, morre. Acho que essas são reflexões sobre onde nos situamos no presente.

**EWJ:** Em seus escritos, você expressa uma crença profunda na capacidade humana para crescer além da neurose. Qual é a fonte do seu otimismo?

**AN:** Nunca pensei a respeito da fonte. Sempre senti esse impulso dentro de mim, assim como as plantas têm um impulso para crescer. Acredito que o que acontece são interferências e bloqueios acidentais. Todos nós temos esse impulso, mas, vez ou outra, ele é prejudicado. Ele existe nas crianças, não é? Elas usam seus pontos fortes, suas habilidades, e exploram tudo, todas as possibilidades. Acredito que podemos tomar conhecimento do dano que a maioria de nós sofre em algum momento e somos capazes de superar o dano. Todos nós sofremos interferências, desestímulos e experiências traumáticas. Conheci escritores jovens que pararam ao primeiro sinal de rejeição. Assim, trata-se do quanto estamos dispostos a lutar para superar os impedimentos.

**EWJ:** Você diria que um dos temas mais destacados de sua obra é o conflito entre o papel da mulher como um ser dependente e amoroso e o impulso da artista rumo à transcendência?

**AN:** Sim, creio que é um conflito muito significativo. A vontade criativa a empurra numa direção enquanto você se sente culpada por usar tempo e energia que supostamente deveriam ser dedicados à sua vida pessoal. Esse não tem sido um problema para o homem porque a cultura o estimula a produzir, ele deseja ser obsessivo com seu trabalho, é abençoado por tê-lo. À mulher, no entanto, sempre foi dito que sua principal preocupação é a vida pessoal, ela não foi estimulada a criar. No caso dela, criar é um fenômeno fortuito.

**EWJ:** Em termos do impulso ou processo de crescimento, você acredita que nós evoluímos a partir da infância, que crescemos distantes dessa infância, deixando-a para trás, ou será que nós, à medida que crescemos, efetuamos uma reunião com um eu primário anterior ao trauma? O crescimento é um processo linear de afastamento ou um processo circular de volta a um eu essencial?

**AN:** Concordo com você em que a busca deveria nos levar ao ponto de podermos juntar todos os nossos pedaços. Wallace Fowlie definiu o poeta como alguém capaz de manter viva a visão estimulante da criança dentro do homem maduro. Concordo com isso, exceto durante o trauma, quando as peças se espalham, então é realmente um trabalho de conectividade.

**EWJ:** Existe quase que um ciclo arquetípico de retorno ao eu no âmago da sua obra.

**AN:** Supondo-se que nossa jornada mitológica tenha sido por um labirinto de onde finalmente sairíamos, teríamos que sair dele com todos os nossos eus. Não poderíamos deixar partes de nós para trás, no labirinto.

**EWJ:** Nos diários, você menciona ser de Peixes. Você atribui a qualidade de fluxo e movimento nos seus escritos ao fato de ser uma pisciana?

**AN:** Tenho uma relação muito forte com a água. Sinto-me muito próxima do mar, agrada-me a ideia de viajar e me movimentar, fazer o trajeto todo pela água. Acho que ela exerce uma influência sobre meu desejo de uma escrita fluida, nunca estática. Sinto que escrevi melhor numa casa flutuante por causa do rio passando por baixo. Fui descrita como uma netuniana, para quem a ilusão é mais importante do que o mundo real, e é onde acontece a mistura do sonho com a realidade.

**EWJ:** Qual é a fonte da sua energia inesgotável?

**AN:** Nunca pensei sobre isso. Acho que é a curiosidade, o fato de eu ainda sentir as coisas de forma tão intensa. Suponho que, quando nos sentimos vivos, algo nos empurra para novas experiências, novas amizades, e enquanto reagimos, temos essa energia. Parece ser uma condição de reatividade, de permanecermos vivos diante de qualquer coisa que aconteça à nossa volta. Enquanto tivermos esse sentimento, continuaremos explorando. Então, sou sempre curiosa. Certa vez, sofri um acidente aéreo. Havia só uma roda, o lado de uma das asas se incendiara e tínhamos seis minutos para chegar a Los Angeles. Eu só conseguia pensar em todos os lugares que ainda não visitara. Esse era o meu sentimento, de pena por não ver tudo, não ouvir tudo, não estar por toda parte.

**EWJ:** Em que está trabalhando no momento?

**AN:** Estou editando o Volume Seis (de *O diário de Anaïs Nin*). A edição do Volume Sete vai me fazer trocar cartas e diários com outras mulheres. Então, voltarei lá atrás, revivendo infância e adolescência, porque, segundo os leitores, comecei o diário no ponto em que minha vida se expandiu. Querem saber de que forma ela aconteceu, da parte mais contraída à mais expandida.

**EWJ:** Como se sente, tendo alcançado o reconhecimento como uma personalidade literária destacada?

**AN:** Bem, é algo que nunca imaginei. Trata-se de um sentimento adorável, você perde a sensação de isolamento. E pode desfrutar de uma vida universal, estar em contato com o mundo inteiro, o que, provavelmente é o desejo de todo escritor. Sinto que estou em contato com o mundo.

# A Academia do Suicídio*

Já vimos um excesso de romances triviais de uma época de viagens espaciais. Daniel Stern consegue lançar todos os fatos no espaço, inverter sua monotonia cronológica, perturbar programações estabelecidas. Considerar o desequilíbrio do absurdo como humano, o humor ácido como uma contingência do cotidiano, o terror e a morte sob novos ângulos, pode revelar novas técnicas para derrotar a destruição. A sagacidade de Daniel Stern não é fria nem desumana. Ele pertence à nova geração emocional, que escreve por prazer, para surpreender, para sacudir, para carregar e recarregar. Ele recorre à zombaria só para evitar as armadilhas, e não para nos separar da experiência.

A Academia do Suicídio é um lugar onde candidatos ao suicídio são convidados para um dia de autoexame e meditação e, depois dele, devem decidir por voltar para o mundo ou dar fim à vida. "Aqui, vocês vão aprender a morrer ou a viver – e mais –, aprenderão a verdade: que um dos dois é o melhor".

Reúne-se um grupo de personagens variados que exercerão entre si um efeito explosivo: Wolf Walker, diretor, sua

---

* Resenha de *The Suicide Academy*, de Daniel Stern, para o *The Village Voice*, 10 de outubro de 1968.

ex-mulher, Jewel, com o atual marido, Max Cardillo; Gilliat, o negro antissemita; Bárbara, a amante grávida do diretor e uma lista de pacientes, mais longa do que a Academia poderia comportar e lidar. Na paisagem, muito apropriada, só neve e gelo.

O ponto de vista é multilateral e a realidade, multidimensional. Nesse jogo de inteligência levado a efeito pelo ilógico, quando Wolf Walker acorda, ele cria a estabilidade da ambivalência:

> Ele sonhava que Jewel estava cantando. A canção era "Après un Rêve", de Fauré, e o trecho específico em que o sono se perturbava era na repetição da palavra *reviens, reviens*. A nota musical era o Dó central.
> Era assim que eu ia começar. Mas, não acho que consiga relatar o que aconteceu na Academia do Suicídio naquela atmosfera melancólica.

Aqui, mergulhamos num mundo surrealista, de relatividade sem centro de gravidade. Estamos lidando com o absurdo, o irrelevante, o caos alegórico de um mundo cuja aparência hipócrita de lógica do passado não podemos mais aceitar. Estamos dentro do Teatro Mágico de *Steppenwolf*, dentro dos pesadelos de Kafka, mas com seus equivalentes norte-americanos, ou seja, com a leveza do humor. As ironias psicológicas são precisas como deveriam, em uma mente do século XX. A escolha entre vida e morte, criação e destruição, é sempre nossa, mas preferimos culpar outras forças. *A Academia do Suicídio* nos convida a meditar sobre a profundidade do nosso dilema, não na clausura de um convento antigo, mas numa instância imaginária, transitória e no centro da tragédia, da crise, dos preconceitos, das distorções comuns à nossa vida diária. Não se trata de uma meditação silenciosa ou isolada, ainda que o cenário de neve esteja vivamente presente e seja eloquente, como se sua frieza fosse necessária para aliviar as febres e as infecções contraídas na vida ativa. O lugar onde estamos para tomar a decisão é invadido por visitantes cujo objetivo permanece misterioso. Não há espaço para a objetividade ou elucubrações abstratas. A qualidade contemporânea e jovial do livro está no seu principal objetivo, que é o de divertir, e não explicar, de *estar com* todos os eventos e de apreciar o que quer que aconteça: relacionamentos que não engrenam, amores que se frustram, partidas de luta livre que não declaram um vencedor, conversas que aumentam distorções, ideologias que aumentam a confusão, explicações que não levam a uma trégua, tudo conforme acontece no dia a dia. No entanto, Daniel Stern lhes confere uma sagacidade efervescente, flutuam como salva-vidas saturados com o oxigênio do deleite lírico. Clichês superados, usados pelas pessoas para se defender da mudança, são bombardeados e dissolvidos em partículas para inventar novas dinâmicas. Revirar as ideias de cabeça para baixo as libera do ar carregado e abre espaço para o oxigênio. O aspecto desesperado de nossos impulsos destrutivos é transfigurado numa dança alegórica na neve, uma dança tribal do desejo. A mensagem é dirigida aos sentidos: por exemplo, redescobrimos o amor por intermédio dos fios de cabelo de Jewel. Escapadas, fugas, evasões, o hábito contemporâneo de fragmentar a experiência em um evento e de filmar o acontecimento, tudo é bem conhecido. Max, o vilão, é o cineasta. "Ele os flagrava com cliques rápidos e nervosos, como um espião registrando algum lugar secreto de um filme proibido. [...] [Seriam Max e Jewel] cineastas inocentes ou produtores culpados?

"[...] câmera enlouquecida, focalizando, clicando, e enrolando".

O grupo inteiro é arrastado para uma viagem surrealista. Não se trata dos pesadelos enclausurados de Kafka, confinados ou claustrofóbicos. É um sonho em espaço aberto, de paisagens brancas deslumbrantes, uma encenação de prazer, de euforia física, de energia muscular, num contraste irônico nítido com a presença constante de desesperos secretos e indizíveis.

Jewel é toda sedução, como deveria ser, e alérgica à verdade. "Trazia todo o seu ser enroscado no corpo. [...] [Ela] era o triunfo da aparência: uma pele de brancura absoluta, olhos totalmente azuis, cabelos louros, uma completa ausência de preto, de escuridão". Jewel, alérgica à verdade como uma fórmula feita pelo homem, avessa ao seu labirinto feminino, sua necessidade feminina de ser criada.

O balé que Jewel e Wolf, seu ex-marido, dançam sobre o gelo é um voo lírico: "[...] corremos para o gelo como uma dupla de patinadores artísticos em fuga, esquecidos de como desenhar no gelo as figuras clássicas e, por isso, inventando novas. Havia um desenho em Z? Tenho certeza de que criamos um. Ou um desenho em $R_2$? Com certeza o inventamos".

Em todo livro inteligente, a chave está dentro. Tenho certeza de que isso vale para *The Suicide Academy*. Ele inventa novas formas. É esse o segredo de seu efeito radiante. Se, durante o casamento, Wolf recusara-se a criar Jewel conforme ela desejava, agora que ela considera o suicídio e tem só um dia para cometê-lo ou repudiá-lo, ele está, finalmente, disposto a criá-la e contornar a autodestruição. "Eu operaria, com muita habilidade, usando a memória, o arsenal de emoções, de esperanças inexploradas, de ódios enterrados e disfarçados de outras formas, de amores perdidos: os bisturis e as suturas de minha prática médica."

É possível encontrar uma explicação para o livro, talvez a sua definição, nas seguintes passagens:

> O suicídio era um continente grandioso e escuro a ser mapeado, e eu era o cartógrafo.
>
> Os suicidas eram os aristocratas da morte, alunos de pós-graduação de Deus, encenando suas teses para provar quão limitadas eram as alternativas. Ele havia Se permitido e às Suas criaturas. A encenação deles era, na melhor das hipóteses, uma esplêndida crítica literária. Na pior – bem, talvez fosse essa maravilha loura [Jewel] ainda não definida, e morrendo dessa falta de definição. Entregando ao pó os contornos encantadores daqueles seios sempre ligeiramente cônicos, as pernas longas e torneadas, a maçã do rosto arredondada curvando-se até o recuo dos olhos sombreados [...] tudo por causa de falta de forma. Não! O suicídio tem que ser mais do que mero aborto. Parte da minha tarefa tinha que ser salvar as pessoas para suas devidas mortes.

O romance salta da metafísica para o pugilismo, da literatura para o ciúme, do preconceito racial para a mitologia, de acrobacias mentais para o esforço físico e para aventuras sensuais, disfarçando a sabedoria sob suas agilidades. O malabarista principal nunca erra. Ele é hábil e atento aos perigos da busca de novas ideias, novas sensações, novas expressões. Ele é um patinador artístico da linguagem.

> Veja, o círculo está no coração de toda a angústia humana. O relógio de sol e o relógio comum provam que, se não existissem círculos, o tempo não existiria. Se não houvesse o tempo, não haveria a morte. Portanto, sem círculos, sem morte. [...] A maioria dos nossos convidados chega até aqui sofrendo de cansaço do círculo. Repetição, revolução completa e mais repetição. [...] Imagine, então, o prazer da linha reta: movimento para frente, mudança. Mesmo que a linha reta leve diretamente para dentro da terra. Pense nisso! O fim dos círculos!

Em certo sentido, o romance pertence ao teatro do absurdo, mas noutro vai além dele: a contemplação das irracionalidades do homem tem outro propósito. É um exercício de liberdade da imaginação. Dado que os eventos provaram que a lógica é outra forma de hipocrisia, colocar as ideias de cabeça para baixo para sacudir as falsidades não termina em negações, mas em possíveis liberações. Isso demonstra que o hábito de questionar com habilidade, de justapor, de fazer malabarismos não é um passatempo, mas uma necessidade relevante do buscador da verdade. Simbolicamente, a academia é consumida pelas chamas por completo. Construída sobre ambivalências, só o que resta dela é aquilo que cada homem resgata das cinzas para si, um mundo em harmonia com sua visão emocional, significativo só para ele, para que consiga se reequilibrar. Na verdade, um mundo surrealista, óbvio na história, na política, na economia, na ciência, assim resumido pelo diretor da Academia Argentina:

Devemos suspeitar que não existe universo no sentido orgânico, unificador, inerente a essa palavra ambiciosa. Se existe, devemos conjecturar o seu propósito, devemos conjecturar as palavras, as definições, as etimologias, as sinonímias do dicionário secreto de Deus [...]
Na minha febre gripal, talvez devida ao agravamento dos meus medos ou ao álcool, eu via a paisagem como uma maravilha caligrafada. A linha delgada das árvores lançando sombras alongadas na neve, como um livro de orações em uma língua estrangeira, mas que se sabia, pela lenda, conter um verso famoso e bonito; a linha extensa de rochas desiguais espalhadas com mão trêmula, estendendo-se do final da grama até a costa. Cores levemente iluminadas, primeiro maiores, depois menores; em seguida, sombras de um brilho escurecido recobertas irregularmente por algas marinhas, estrofe e antístrofe, declaração inacabada de pedra e areia. E os voos das narcejas arremessadas contra o silvo da espuma que as empurrava de volta, seduzindo-as a retornar à beira, fragmentos de textos alienígenas, cartas sagradas cujo significado fora esquecido, profecias antigas e temidas, criações de astrólogos inspirados de gerações passadas. [...]
Falei a ela, então, sobre minha leitura da paisagem da forma como lia o céu quando criança. Paralisado com o *logos* desde o início, aquilo era eu. O mundo como linguagem intraduzível.

Vivemos em meio a uma praga negra, uma praga de ódio. O livro de Stern é um antídoto para a epidemia que nos aflige. O surrealismo como cura para a náusea. *The Suicide*

*Academy* é, em última análise, o livro de um poeta, o que significa que ele voa em altitudes superiores às tempestades da destruição, acima da neutralidade, acima da indiferença e, portanto, além da morte.

# Miss MacIntosh, My Darling*

Quando um escritor decide nos oferecer um universo completo, tudo aquilo que explorou e descobriu, esse universo é necessariamente vasto. Ninguém jamais questiona a imensidão do oceano ou o tamanho de uma montanha. O segredo para apreciar esse livro incrível é abandonar-se aos desvios, às andanças, às jornadas elípticas e tangenciais, aceitando surpresas milagrosas em troca. Trata-se de uma busca da realidade por dentro de um labirinto de ilusões, fantasias e sonhos, em última análise, afirmando com as palavras de Calderón: "A vida é um sonho".

A necessidade da expansão celular do livro encontra-se nas palavras da própria Marguerite Young: "Tentei apenas deixar algumas pedras pela estrada para que ninguém se perdesse". Para a perigosa exploração da ilusão e da realidade, o sentimento da autora é que se alguém pretende seguir o crescimento total da onda da imaginação, ele tem de trazer para a costa a onda que o carregou. É na inteireza e na completude do movimento que se alcança a compreensão.

---

* Resenha de *Miss MacIntosh, My Darling,* de Marguerite Young, para *Open City,* Los Angeles, 1º de maio de 1968.

Essa é a razão pela qual ela é capaz de sustentar, do início ao fim do livro, a riqueza de um tom profundo e um ritmo poderoso. Trata-se de um trabalho de paciência, tecendo-se cada célula de conexão, com pontes intactas, de palavra por palavra, imagem por imagem, expressão por expressão. Ela é uma acrobata do espaço e do símbolo, mas oferece aos leitores uma rede de segurança.

Ainda que ela conquiste para o folclore nativo norte-americano a mesma imortalidade do mito que Joyce alcançou para a Irlanda, Joyce não a inspirou. Sua inspiração foi os Estados Unidos, aquele do centro-oeste, terra a terra, com seus sonhadores orbitais poderosos tão raramente retratados, nascidos em solo nativo, norte-americanos assim como os personagens de Joyce são irlandeses, com a noção norte-americana da comédia de qualidade, da extravagância e da vivacidade: o motorista de ônibus, a *sufragette*\*, a velha empregada, o compositor de música não escrita, o catador de mexilhões, o apostador morto, a garçonete, o campeão dos pesos-pena, o carrasco, o detetive, o quebrador de pedras, o pombo-correio, a rã, o alce.

A obra tem uma linha costeira que vai desaparecendo. É um mundo submarino, geograficamente situado no inconsciente e na noite. "O mar não faz mal algum se você dormir por baixo dele, não sobre ele, o melhor lugar para guardar pérolas", diz um dos personagens.

Os inúmeros personagens entram em um fluxo de consciência próprio e não podem ser apagados por serem parte da psique norte-americana, uma psique, conforme Marguerite Young afirma, capaz da fantasia mais enlouquecida. Eles só

---
\* Ativista do voto feminino. (N.T.)

aparecem listados no Livro Azul dos Incomuns. Marguerite Young é uma aristocrata entre os escritores, talvez a precursora de uma nova era na literatura norte-americana.

O livro é também uma ode à obsessão. A vida é repleta de repetições, culminando em variações que indicam a sutileza das reações do homem às experiências.

Os personagens são tangíveis, acessíveis, familiares. Mas é a natureza da experiência deles que Marguerite Young questiona, seus remanescentes, ecos e reflexos. O que é a realidade? Bem lá no fundo, dentro de nós, ela é enganosa como um sonho, e não temos certeza de nada do que aconteceu.

# Um anjo na floresta*

Para aqueles que viveram a experiência única de ler *Miss MacIntosh, My Darling*, seu *Angel in the Forest*, publicado vinte anos antes, será um prelúdio à obra mais amplamente interessada na exploração da realidade e da ilusão. Em *Miss MacIntosh, My Darling*, a ilusão se origina nos sonhos opiáceos da mãe que precisavam ser desvendados antes do narrador alcançar a finalidade e o propósito de sua busca. É uma obra de ficção. *Angel in the Forest* é uma obra de história. Aborda a criação de Utopia, a primeira ilusão dos Estados Unidos. É a história dos dois experimentos em ciência social do pastor Rapp e Robert Owen, realizados em Indiana, no século XIX. A aplicação desse tema aos problemas atuais faz com que pareça contemporâneo. Quando um poeta decide escrever história, os fatos ganham poder e alcance. Marguerite Young é uma estudiosa meticulosa, e ela ilumina cada descrição e cada personagem com o laser da significância. Os fatos que ela expõe irradiam sagacidade e ironia e se encarnam em seres humanos.

"Pergunta: qual é a natureza da experiência, que sonho dentre os sonhos é a realidade?"

---

* Resenha de *Angel in the Forest*, de Marguerite Young, para o *Los Angeles Times*, 8 de maio de 1966.

O lugar, New Harmony, é reavivado como se nunca tivesse desaparecido. O título se refere a pegadas gigantescas, supostamente de um anjo, numa pedra que um humilde pedreiro salvou da destruição total (ou talvez ele mesmo tenha talhado na pedra?). Indiana é a terra natal de Marguerite Young. Com algumas linhas expressivas, ela convoca centenas de habitantes, com suas fraquezas humanas, idiossincrasias, falibilidades, a mostrar como sabotam as próprias concepções idealistas.

O sr. Pears, o contador, demitido por cometer um erro: "É verdade que ele bebia um golinho aqui outro acolá, mas não o suficiente para fazer a aritmética dançar". A sra. Pears, que pensava que "nada pior do que o despotismo que finge ser democracia". Juntos, eles expressam "uma queda gradual da esperança de melhoria em New Harmony". As próprias fantasias dos seres humanos, suas ânsias, obsessões e hábitos derrotam suas ilusões. "Quem, finalmente, era feliz em New Harmony, uma cena de conflito entre individualismo e coletivismo natimorto?"

Na primeira edição do livro, durante uma escassez de papel, pouquíssimas pessoas tiveram o privilégio de lê-lo. Nele estão contidas as sementes da obra maior a que Marguerite Young dedicou os dezessete anos seguintes. Ela comprovou que a história é um agregado de ficções, e que tinha de entrar inteiramente no mundo da ficção onde encontrou muitas fontes de erros misteriosos.

"À luz de sua crença no relativismo e subjetivismo da felicidade, e na desconfiança em relação a todos os valores a não ser o prazer, William Taylor propôs que os owenitas* reunidos à sua volta deveriam organizar o enterro das ciências sociais,

---

* Pertencentes à seita criada por Robert Owen. (N.T.)

a ser pranteado por todos os bêbados alegres. *Para construir um caixão destinado à ideia de humanidade como um todo, um corpo inexpressivo, eles trabalharam como nunca em toda a história de Utopia".*

A relação desse experimento com a atualidade demonstra sua atemporalidade. Era necessário trazer, das profundezas oceânicas do subconsciente, os aprendizes de feiticeiro que sabotam todo experimento social. Os dois livros da autora nos convidam a sentar em torno de uma imensa mesa de conferência e a dialogar com eles. A mesa de conferência é também uma mesa de banquete. Nela, em um estilo cristalino, são servidos os personagens cujas pegadas Marguerite Young cuidou de talhar até a nossa porta.

# Edgar Varèse*

A maioria das pessoas espera por uma perspectiva de tempo e de distância para reconhecer o valor singular de um homem e de um artista. No entanto, os amigos de Edgar Varèse conscientes da contundente combinação entre a personalidade do homem e sua música tiveram uma indicação mais imediata de sua verdadeira estatura e lugar único na história da música. Foi um homem que viveu num vasto universo e, dado o alcance de sua antena, ele conseguiu abranger passado, presente e futuro. Era essa a minha sensação cada vez que tocava a campainha de sua casa e ele abria a porta. Ao me receber com a afabilidade que estendia a todos os amigos, eu podia, ao mesmo tempo, ouvir à sua volta e saindo porta afora um oceano de sons criado não para uma pessoa, um quarto, uma casa, uma rua, uma cidade ou um país, mas para o cosmos. Seus olhos grandes e intensos, de um azul-esverdeado, brilhavam não só pelo prazer do reconhecimento, mas também como um sinal, acolhendo-me para adentrar um universo de novas vibrações, novos tons, novos efeitos, novas variações, nos quais ele mesmo se achava completamente imerso. Ele me levava até sua sala de trabalho. O piano ocupava a maior parte do espaço, e em

---

* Publicado em *Perspectives of New Music*, Princeton University Press, primavera-verão de 1966.

sua estante havia sempre partituras com registros musicais. O material, em estágio de revisão, assemelhava-se a uma colagem: só fragmentos, que ele organizava, reorganizava e deslocava até chegar a uma construção imponente. Sempre apreciei esses fragmentos, também pregados no quadro acima da mesa de trabalho e nas paredes, por expressarem a essência de sua obra e caráter: estavam em estado de fluxo, de mobilidade, de flexibilidade, sempre prontos para voar até uma nova metamorfose, livres, sem obedecer a qualquer sequência monótona ou ordem exceto a sua própria. O gravador sempre no volume máximo. Ele nos queria possuídos por ele, mergulhados em seus ritmos e ondas oceânicas. Edgar Varèse mostrava um novo sino, um objeto novo capaz de produzir uma nova tonalidade, uma nova nuance. Era um apaixonado por seus materiais, de uma curiosidade incansável. Em sua sala de trabalho, a pessoa se tornava outro instrumento, uma caixa de ressonância, inserida em seus voos orbitais em direção ao som.

Ao subirmos a pequena escada que dava acesso à sala de estar e de jantar para encontrar outros amigos, e sermos gentilmente recebidos por Louise, sua esposa, Varèse, o compositor, passava a ser Varèse, o proseador. Em companhia de amigos, era radiante, eloquente, satírico e espirituoso. Havia harmonia entre obra e fala. Desprezava apenas os clichês na música ou no pensamento. Era incessante sua revolta contra o clichê. Usava uma linguagem viva e tocante. Varèse conservava o arrojo revolucionário da juventude, mas sempre dirigido por sua inteligência e discernimento, nunca cego ou impreciso. Jamais destruía nada, exceto a mediocridade, a hipocrisia e os valores falsos. Só atacava o que merecia ser atacado, e jamais dominado por raiva cega e mesquinha, conforme fazem alguns artistas de hoje.

Referindo-se, certa vez, a um personagem político desagradável, disse: "*À faire vomir une boîte à ordure*".*

Suas guerras eram em um nível mais elevado, travadas contra aqueles que sempre embarreiravam o caminho dos grandes projetos originais por serem incapazes de percebê-los ou de controlá-los.

Nossa última conversa foi sobre a ironia das fundações e universidades em não lhe oferecerem um estúdio eletrônico completo para o seu trabalho. Eram muitos os conceitos que não podia desenvolver por falta das instalações necessárias, e precisava de máquinas que, com facilidade, eram confiadas a músicos jovens, não formados. Precisava de um laboratório para explorar sons do futuro. Muitos desses jovens não conseguiam alimentar as máquinas, somente operá-las, e Varèse poderia tê-las alimentado com uma riqueza vulcânica infinita.

Muitos críticos musicais ainda escreverão sobre as composições de Varèse. Gostaria de enfatizar aquilo que não lhe foi permitido criar, porque todo artista sonha em ser despojado de toda riqueza antes de morrer e, ao nos deixar, levando consigo tesouros intocados para o esquecimento, despertar o nosso sentimento de culpa. Varèse conhecia a cegueira que atinge a maioria das pessoas na presença de gigantes criativos. Contei-lhe a história de um jantar que eu participara para integrantes de uma empresa famosa criada para produzir invenções. Depois de moldar seus funcionários segundo padrões, de discipliná-los, inibi-los, eles estavam tentando encontrar uma forma de fazê-los produzir ideias criativas e espontâneas. Os homens, reduzidos a autômatos, sentaram-se à mesa de conferência e alguém gritou: "Não pensem, digam

---

* De fazer vomitar uma lata de lixo. (N.T.)

a primeira coisa que vier à mente, qualquer coisa", e esse esforço grotesco tinha até um nome técnico.* É natural que nada pudesse vir daqueles homens que, de longa data, haviam perdido o poder de criar. Sugeri que chamassem artistas que eu conhecia, cheios de ideias, concepções etc. O silêncio foi total. "Oh, sim, sabemos bem", disseram eles, "você se refere àqueles gênios malucos que não vestem uma camisa limpa, nem gravata, nunca chegam na hora e *não podem ser controlados.*" "Controlados" era a palavra-chave. Na música, também, todos se voltavam para os homens controláveis, fossem discípulos, imitadores, adaptadores. Nunca ousavam recorrer à fonte de onde jorrava a criação e a invenção, produzidas como alguns dos imensos fenômenos da natureza, as cachoeiras mais altas, as montanhas mais elevadas, os desfiladeiros mais profundos, os lagos sem fundo. Todo artista já provou desse isolamento em que os grandes são abandonados, como se fossem criaturas perigosas. Uma ligação mais próxima, mais familiar, poderia ser feita com o artista inofensivo e seria mais fácil lidar com o impressor comum, vulgar, do que com o pintor original. Seriam necessários um crítico, um ouvinte, um maestro ou um diretor de fundação de igual calibre para abordar o artista que é, por direito natural do Criador, um ditador no seu território. Como temos medo da força revolucionária em plena erupção.

    Varèse era impiedoso em relação ao tímido, ao indolente, ao impotente. Segundo suas palavras, "eles entregaram o negócio todo à mecânica. As novas máquinas precisam de novos compositores para alimentá-las". Tal foi a essência de nossa última conversa. Foi a primeira vez em que o percebi encurvado, aos 81 anos, mas era devido à doença. Ele era sábio

---

* Brainstorming. (N.T.)

o suficiente para conhecer os medos dos homens. Sabia que eles se aproximariam dele quando não mais corressem perigo de serem arrastados pelas espirais ressonantes de seus voos sonoros. Hoje ele é um arquétipo cujo potencial o mundo não explorou, mas o que ele deixou pertence à mesma vasta cosmologia que a ciência busca privilegiar. Para cada nova descoberta, precisamos de novos sons, e Varèse os ouviu antes que os espaços ainda por descobrir fossem alcançados. Certa vez, fez um breve comentário: "Vanguarda não existe. Só existem pessoas ligeiramente atrasadas".

A velocidade da luz é maior do que a do som, mas no caso de Varèse, o som era bem mais veloz.

# Na oficina de um diário*

Depois de contribuir com diversos livros preciosos de psicologia e de ensinar psicologia profunda na Drew University, Ira Progoff desenvolveu um método notável empregando o diário intensivo para unificar a personalidade e conseguir, de fato, um tipo de autoterapia. Ele começa eliminando a ideia do diário como uma realização literária, de forma que qualquer um, de qualquer classe social e nível educacional, pode redigir uma "imagem espelhada" de sua vida e caráter, fazer uma síntese das experiências e dos sonhos, e chegar a uma autocriação, até então dificultada pelo tabu puritano absurdo contra o desenvolvimento pessoal e a busca da jornada interior, supostamente expressões do narcisismo ou da subjetividade neurótica. O presente livro, resultante de anos de experiência com a expansão e o desenvolvimento da escrita de diários, comprova que uma jornada interior pelo labirinto do eu pode significar maturidade, compreensão da experiência, a ação coerente de um registro, de exame e confrontação da experiência pessoal. O conceito equivocado de que a vida extrovertida é superior

---

* Resenha de *At a Journal Workshop: The Basic Text and Guide for Using the Intensive Journal*, de Ira Progoff, para o *Los Angeles Times*, 19 de outubro de 1975.

à exploração do eu – e, portanto, à sua criação – foi refutado pela desintegração da personalidade que domina nossa cultura, pela dependência de terapia, por confusão e caos. O método de Progoff é altamente espiritualizado em seu conceito. Na verdade, ele é muito mais desapegado do que a objetividade artificial dos que acreditam que, ao não escrever sobre si, contribuem mais para a sociedade do que criando um eu harmonioso.

Desde as primeiríssimas páginas, *At a Journal Workshop* determina o motivo da jornada interior com o primeiro capítulo intitulado "O diário intensivo como instrumento para a vida". Segue-se uma série de sugestões sobre formas de registrar experiências, lembranças, sonhos, como elementos-chave para compreender a vida. Progoff oferece sugestões esclarecedoras como: "Revolvendo o solo de nossa vida", "Listando as pedras basilares", "Registro da história de vida", "Interseções: os caminhos escolhidos e os rejeitados", "Reconstruindo nossa autobiografia". O livro alcança um efeito terapêutico "sem se esforçar por uma terapia, mas oferecendo técnicas práticas que permitem ao indivíduo acessar recursos próprios para se tornar uma pessoa completa". Nestes tempos de caos e confusão, ninguém questionará o valor de trazer uma pessoa completa à vida coletiva.

"Muitos já viveram experiências em que sentiram a presença de uma realidade essencial na vida, uma realidade que reconheceram como uma fonte pessoal de força e significado."

"O Diário Intensivo é especificamente concebido para oferecer um instrumento e técnicas para as pessoas descobrirem dentro delas recursos que ignoravam possuir." Mais uma vez, Progoff nos lembra de que "a essência não está nos acontecimentos da vida em si, não naquilo que já vivenciamos, mas em nossa relação íntima com esses eventos".

A atmosfera que ele tenta criar durante os seminários de final de semana é a de um grupo, um grupo que não perde tempo conversando, mas escrevendo diários, meditando. O companheirismo está presente, mas não é prejudicado por conversas.

Há uma autocriação inteligente por trás do Diário Intensivo, do tipo que costuma ser alcançada por uma terapia de longa duração: "a experiência de colocar em foco a situação atual de sua vida".

É inevitável ficarmos maravilhados pelo que surge dessa engenhosa jornada interior. Todos os elementos que atribuímos ao poeta, ao artista, estão ali, à disposição de todos, de todos os níveis sociais.

Progoff revela o nível e a qualidade de cada indivíduo. A consulta aos sonhos, diálogos com pais ou figuras de referência desaparecidos ou falecidos, a meditação, e a bela exploração do que ele chama de "Imagens Crepusculares", tudo oferece a cada vida uma poesia, uma beleza, um conteúdo espiritual totalmente ausente em nossa cultura por suspeita de subjetividade. É possível ver muito claramente a vida sendo criada, tornando-se uma história coesa e bela. E explorar seu significado amplia toda a experiência. A falta de autoconfiança ou de respeito próprio desaparece.

A Oficina do Diário se torna um santuário, "porque oferece uma situação segura, protegida das pressões do mundo, em que o indivíduo pode reavaliar sua relação com a própria vida".

Testemunhar o rico material, as imagens, os sonhos evocados nessa situação por pessoas que nunca imaginaram possuir tais riquezas interiores, é cobrir de vergonha aqueles que foram tão persistentes em destruir toda a vida interior em favor da atividade e da extroversão cega, criando uma cultura presa à lavagem cerebral da pior qualidade pela mídia, de pessoas incapazes de pensar ou julgar por si mesmas e que se tornaram seguidores cegos de forças corruptas.

"O Tao do Crescimento." O eu começa a surgir como uma fruta ou uma planta, mas diferentemente delas, o ser humano experimenta obstáculos, acontecimentos traumáticos que impedem seu crescimento. O Diário Intensivo estimula um ritmo, uma continuidade, que, por sua vez, torna-se um fluxo natural. Ao registrar as experiências, a pessoa é empurrada para frente, impelida a se mobilizar. "O crescimento físico é reconhecido com facilidade, mas o crescimento pessoal é interior e sutil."

Um dos resultados mais impressionantes do método de Ira Progoff é que toda vida conquista um valor, uma riqueza. As "Imagens Crepusculares" estimulam a imaginação, a visualização, algo além de nossa consciência. O que mais falta à nossa cultura é a noção de significância, algo que leva à falta de esperança e à indiferença, e muitas vezes a uma criminalidade mais grave. O milagre da compreensão e da coesão de centralizar o eu é o orgulho adquirido, o sentimento de dignidade renovado e do potencial dos seres humanos. "A atividade exterior que vem de dentro é a essência de uma existência criativa."

Passando pelo "Registro dos Sonhos", "Registro das Imagens Crepusculares", "Extensões das Imagens" e pelo "Diálogo com a Sabedoria Interior", o eu se abre como uma arca de tesouros surpreendente há muito enterrada e jamais utilizada.

Um dos símbolos mais impactantes de Progoff é o poço. Entramos o mais profundamente possível no nosso poço e, em vez de nos vermos isolados do mundo, alcançamos as águas universais que alimentam os poços. "É a imagem do poço se conectando ao fluxo subterrâneo."

O outro milagre é que, ao intensificarmos nossa compreensão e a criação do eu, entendemos e nos comunicamos com os outros com muito mais intuição e sensatez. "Cada um de nós deve passar por sua própria existência pessoal, mas quando nos aprofundamos o suficiente, descobrimos que passamos por nossa vida pessoal além de nossa vida pessoal." A construção de um eu coeso se torna uma fonte de força para enfrentar experiências trágicas ou destrutivas ou perdas.

"A chave para as Imagens Crepusculares está no fato de que elas acontecem no estado crepuscular entre a vigília e o sono. Verificamos que, trabalhando com empenho nesse estado intermediário da consciência, somos capazes de alcançar níveis mais profundos em nós, profundezas difíceis de acessar por qualquer outro meio."

O fascínio desse método é a descoberta de um eu que não sabíamos existir dentro de nós. É uma aventura em esferas inexploradas, ainda por descobrir. Torna-se uma fonte de força, coragem e orgulho. "Tanto quanto possível, nossa escrita deve se concentrar na essência da experiência." Um dos obstáculos a essa jornada interior tem sido a falta de confiança das pessoas em sua habilidade para escrever. Progoff, no entanto, previu isso e nos lembra de que "um registro diário não é um exercício literário. É um exercício em nossa vida".

Ninguém analisou o fascínio da ficção, e ninguém, até que Progoff desenvolvesse sua estrutura, compreendeu que nossa vida pode se tornar interessante como qualquer biografia ou ficção que lemos com esse interesse. É uma questão de ver a própria vida como uma metáfora, um conto, uma história de imensa dramaticidade. É o que se verifica em relação à significância de qualquer vida examinada e registrada com atenção. O outro aspecto benéfico é que o efeito cumulativo "é colocar nossa vida em foco para termos uma base para tomar as decisões mais urgentes no momento".

Um dos capítulos mais inspiradores trata das pedras basilares de nossa vida. "As pedras basilares são pontos significativos de movimento ao longo do caminho da vida do indivíduo."

Progoff enfatiza a necessidade de eliminar todo tipo de censura e julgamento. Segundo ele, são fatores inibidores, empregados exageradamente por uma cultura de mentalidade estreita e prejudicial à criação espontânea do eu. Ele enfatiza isso ao longo do livro. Há uma diferença entre julgamento e avaliação. A avaliação é criativa, o julgamento, não.

"Interseções: os caminhos escolhidos e os rejeitados" é outro segmento inspirador, que abre fontes prósperas de meditação. "Fazemos uma retrospectiva do caminho de nossa vida à procura de possibilidades não vividas." O estudo desses movimentos é de valor inestimável porque, conforme Progoff afirma, "nem sempre é fácil identificar as interseções na vida porque muitas vezes não temos consciência de serem interseções no momento em que ocorrem".

A atmosfera física em torno do trabalho também é importante. Progoff enfatiza o relaxamento em primeiro lugar, depois os olhos fechados, e finalmente o silêncio e a tranquilidade, necessários à jornada interior.

Ao seguir o padrão proposto, recria-se tudo o que nossa memória, nossa consciência descartou, revelando-se um tesouro de sonhos, pensamentos, lembranças e experiências. Ao negar a necessidade de intimidade com nosso interior, nossa cultura extrovertida destrói a possibilidade de intimidade com os outros. Esse experimento valioso, que recria um ser humano, permite, inevitavelmente, que um indivíduo perceba melhor a vida dos outros.

O recurso excessivo à terapia resultou de nossa incapacidade de dar ordem e coesão à nossa vida, da incapacidade de desenvolvermos um autoconhecimento mais profundo, de não haver lugar para uma comunhão com nossos eus sem máscaras. Trata-se de uma comunhão de importância vital. Progoff nos guia pelo caminho dessa disciplina espiritual.

Depois de aprender a conviver com nossa intimidade, passamos para uma vasta gama de diálogos: talvez, alguns deles complementem diálogos interrompidos por uma morte ou uma briga, ou algo assim. Outros, ainda, com qualquer pessoa à nossa escolha. "Levamos conosco os vestígios de relacionamentos que contêm potencialidades não realizadas." Aprendemos com um número infindável de diálogos, com pessoas que já faleceram, outras que se distanciaram, com mestres da sabedoria, com aqueles que influenciaram nossa vida.

A falta de intimidade com o nosso eu e, consequentemente, com os outros, é o que criou o povo mais solitário e alienado do mundo. Em última análise, Progoff prova que "o processo de crescimento de um ser humano, o processo de onde emerge uma pessoa é, em essência, um processo em direção ao interior".

O livro permite que qualquer pessoa aprenda a extrair significado de sua vida. "Agora, vamos nos sentar em silêncio. Os olhos, fechados. Nossa respiração cada vez mais lenta. Na quietude, nossa atenção é dirigida para dentro."

E aonde isso vai dar? Ao significado transpessoal de nossa existência. "Saímos do nível puramente pessoal para o nível mais profundo ainda de nossa experiência." Sabemos que nossa geração tem se preocupado em "como acessar as reservas de conhecimento nas profundezas do nosso eu, como podemos alcançar uma capacidade cada vez maior para a intuição direta e uma consciência ampliada".

Após a publicação dos meus diários, quando fui chamada a dar palestras, a única pergunta que nunca consegui responder é esclarecida por esse livro: como? Como começar, como ampliar, como desenvolver a escrita de um diário?

# Henry Jaglom:
## o mágico do cinema*

Desde os primórdios do cinema, Antonin Artaud afirmou que só os filmes seriam capazes de descrever sonhos, fantasias, o aspecto surrealista de nossa experiência. No entanto, muito cedo eles se desviaram desse poder mágico e se voltaram para histórias unidimensionais. Muito poucos tentaram penetrar nas camadas mais profundas de nossa experiência de vida. Ainda assim, era o meio de comunicação perfeito para captar nossa vida interior. Sabemos que estamos conscientes da forma como nossa vida é uma mistura de sonho, realidade, ilusão, fantasia, influências na infância e desejos. Assim que assisti a *Refúgio seguro*, percebi que aquele era o filme que tentava penetrar naquele nível e o fez com sensibilidade e habilidade únicas. Era uma fusão perfeita. A perfeita superposição de memória, sonho, ilusão no embate com a realidade.

O roteirista e diretor Henry Jaglom realiza o feito extraordinário, situando sua história no mais comum dos cenários: o Central Park, em Nova York, e os telhados dos prédios de apartamentos nova-iorquinos. Ele afirma que essa

---

* Resenha de *Refúgio seguro*, escrito e dirigido por Henry Jaglom, para o *Los Angeles Free Press*, em 6 de outubro de 1972.

transformação mágica da realidade pelo sonho pode acontecer em qualquer lugar. É no Central Park que o mágico que, de forma tão profunda, afeta a criança na mulher, Noah, põe em prática suas habilidades. Há um humor delicioso na relação entre o mágico e os animais do zoológico. São cenas delicadas e melancólicas, como quando a menina mostra sua caixa secreta onde ela guarda seu desejo e o rapaz quer abri-la. Ela sabe que no dia em que for aberta poderá estar vazia, assim como as mãos do mágico, vez ou outra, também estão vazias. Há uma bela cena em que ela se esconde, em um armário, da origem de luxo e arte do rapaz, que não a alcança. Dali, a menina contempla a natureza do amor conforme ela se expressa por diferentes olhos. Aqui, o texto é de um poeta.

O tema, que acompanha o filme como um fundo musical e imprime uma continuidade à história de múltiplos níveis, é o retorno constante ao mágico, ao vínculo real entre a menina e o mágico porque ele pode fazer uma bola flutuar. Noah se recupera de cada encontro com o amor voltando ao mágico que se apresentara para ela quando criança. Ela é obcecada pela lembrança de infância em que era capaz de voar numa árvore, de um galho para o outro. Ela insiste para que o rapaz pragmático que a ama acredite nisso. É importante que ele acredite. O simbolismo daquilo que ela está tentando alcançar, reafirmar, buscar é profundamente tocante: ela busca uma dimensão na vida em que sonho e realidade coincidam. Ele não consegue segui-la. Há uma cena em que ambos improvisam com prefixos telefônicos e ele é reprovado no teste de poesia. Tudo no filme deve ser interpretado como nos sonhos.

Um dos grandes atrativos do filme é a perfeição da atmosfera e os elementos poéticos. A simplicidade das cenas realistas, a mesa de um restaurante ao ar livre, um solário e sua substituição fácil por uma cena de fantasia. A ânsia por magia. O reconhecimento de Noah de que não é capaz de amar da forma humana: ninguém encontrou a chave da caixa trancada, que ela mesma é para os outros. No filme, há imensa mobilidade, fluidez, uma ênfase sensual nas cores, na luz, nas expressões faciais, no silêncio empregado de modo original. O acompanhamento musical e o fluxo das imagens servem para unir esses mundos que mantemos separados.

Na maioria dos filmes, raramente é filmado aquilo que acontece com nossos sentimentos, as imagens criadas nos nossos sonhos em relação aos acontecimentos. Sabemos que é uma imagem externa, sabemos que faltam dimensões, que é concreta como uma parede. Não somos abalados profundamente. As profundezas permanecem intocadas. No filme, essa profundidade é tocada, ela nos afeta quase ao nível do subconsciente, é o sonho que é capturado. Tomamos consciência daquilo que desejamos, procuramos e podemos ou não encontrar.

A única falha do mágico é que ele não consegue fazer as coisas desaparecerem. No mundo dos desejos infantis, eles visitam o zoológico juntos, a parte mais engraçada do filme. O elefante, o leão e a lhama não desaparecem. Ele consegue, de fato, fazer desaparecer um amante, mas é o amante que, de qualquer forma, desaparece depois de cada encontro.

No entanto, o desejo de desaparecer passou para a moça. Ao se ver diante do amor dividido, ou seja, o amante que não a ama e o amante cujo amor ela não é capaz de retribuir, ela pensa em desaparecer. O amante realista que afirmava que voar era impossível termina como Sancho Pança e Dom Quixote, numa associação a ela, acreditando que a moça pode voar. Parece natural que ela desapareça com a morte. A mágica não funciona com ela, mas, ao menos, Noah pode desaparecer.

O desempenho dos atores é extraordinário. Eles encarnam seus personagens com realismo e profundidade, sem a continuidade e as explicações artificiais de cronologia e identificações oficiais, presentes em outros filmes. É um filme impressionista. Uma radiografia de nossa vida psíquica, que oferece um insight instantâneo do nosso eu secreto. Aqueles que talvez se sintam irritados são os que sempre temeram a profundidade e que, a despeito de tantas provas em contrário, pensam que vivemos em um mundo racional. É melhor encarar o minotauro dos nossos sonhos, conhecer suas fragilidades e alcançar uma compreensão mais profunda do dilema humano.

O que contribui para a solidão, segundo o filme, é essa incapacidade de partilhar nossos sonhos. Aqueles que não o compreendem caminharão, junto a tantos outros, para o lugar seguro da não existência.

## *Un Chant d'Amour**

O filme *Un Chant d'Amour*, de Jean Genet, prova que a verdadeira moralidade está na estética e não na natureza da experiência. A beleza e o poder desse filme sobre amor homossexual captam a própria essência do amor graças à sua sinceridade e ausência de vulgaridade. Genet é um poeta do erotismo e criou uma ode ao amor com tanta dignidade e estilo que ela acaba expressando a beleza de todo o desejo. A única moralidade é a do grande artista capaz de despertar nobreza na expressão sensual. Ele jamais ofende os sentidos como tantos outros filmes, com sua fraqueza repulsiva ou feiura humilhante. O filme de Genet fala de virilidade. Esse é o tema essencial. Os presos poderiam ser quaisquer homens, e a prisão, as celas que a sociedade ergue entre os homens em detrimento do seu amor. Os prisioneiros são cheios de vida e de amor e, ironicamente o carcereiro é a única figura pervertida: ele não ama nem deseja. É um voyeur ciumento, invejoso, impotente. Só pode punir o que não possui. É o filme mais liberado que já assisti, mas o vigor de Genet, sua naturalidade e imensa noção do belo confere-lhe uma nobreza clássica, ritualística. Ele converte experiência em ação simbólica. Ao escolher ho-

---

* Resenha de *Un Chant d'Amour,* escrito e dirigido por Jean Genet, para o *Los Angeles Free Press,* 24 de dezembro de 1965.

mens de qualidade, vitalidade e intensidade, ele afirma que nós aprisionamos o que é vivo por ser perigoso para aqueles que não vivem.

Há poesia e sensibilidade na troca de atos simbólicos: na palha passada por um buraco na parede da cela, no aspirar da fumaça do cigarro, que transmite o sopro do prazer, no balanço das flores nas janelas, de uma cela para a outra, contíguas, fora do alcance de mãos carentes. Em outros filmes, são a atitude e a visão do cineasta que lançam uma sombra de feiura. O puritanismo pinta com cores feias. Aqui, a dança libidinosa do negro em sua cela, livre de qualquer hipocrisia, assume a estatura de um ritual pagão. O contraste entre os impulsos sádicos e destrutivos do carcereiro e os repentes primitivos e líricos dos prisioneiros indica aquela nuance sutil entre impotência e virilidade, vida e doença. Quando dito por um poeta que aceita a expressão integral do desejo como um ato de vida, ele fica nu como a natureza, e com a mesma inocência. Se todas as experiências pudessem passar pela censura da arte, ela conseguiria o que a lei não conseguiu. A arte reivindicaria a necessidade da beleza. Ensinaria que o único vício é a feiura, automaticamente nos livrando das caricaturas do sexo que passam por erotismo, restaurando a nobreza à sensualidade, contida na qualidade e no refinamento de sua expressão, no refinamento da plenitude.

As celas se tornam um recinto trágico, separando o homem da vida, do prazer. No momento mais sádico do filme, o prisioneiro açoitado pelo carcereiro sonha com bosques, a luz do sol e prazer pagão. É o carcereiro que, incapaz de alcançá-lo, só consegue empunhar sua arma como símbolo de virilidade, só consegue destruir por ser incapaz de desejar.

# Ingmar Bergman*

A grande maioria das pessoas vive fingindo ser guiada pela razão. O artista sempre afirmou que vivemos segundo impulsos irracionais.

Acreditamos mais ainda nessa afirmativa quando um homem como o senador Fullbright declara: "Sei como poderíamos acabar com a guerra, mas sei também que os seres humanos vivem segundo impulsos irracionais". Nossa maior necessidade é examinar essa origem irracional dos nossos atos na esperança de que, ao confrontá-los, consigamos compreendê-los e controlá-los com inteligência. Entretanto, enquanto continuarmos a ignorá-los ou reprimi-los, teremos a vida arruinada. Bergman é um dos aventureiros mais destemidos nos domínios do irracional, chegando aos extremos da experiência passional.

Nossa cultura expressa uma aversão especial pela tragédia e pelas emoções extremadas. Ela evita explorar o inconsciente e recusa-se a descrever ações que o intelecto não consegue analisar. Mas, nas palavras de D.H. Lawrence, a experiência vem antes e a análise, depois. O que Bergman nos oferece é uma porta de entrada para o âmago da experiência passional.

---

* Palestra proferida na UCLA. *Homenagem a Bergman,* 12 de outubro de 1973.

O mistério aborrece os críticos. Se o significado lhes escapa, sentem-se impotentes, mas o mistério é a prova da existência espiritual do homem e o simbolismo, a única forma da captá-la. É uma linguagem a ser aprendida. Entretanto, acima de tudo, é preciso, primeiro, aceitar a imersão no mundo obscuro do inconsciente. Não podemos analisar enquanto sentimos. John Simon, aquele que melhor compreendeu Bergman, afirma em seu livro *Ingmar Bergman Directs*: "A ideia popular e artificial que se tem de Bergman, talvez desencadeada por críticos irresponsáveis, é de um produtor de obras nebulosas, simbólicas, de uma impenetrabilidade pretenciosa [...]".

Isso é porque exigimos respostas *antes* de penetrar no labirinto da jornada interior, queremos placas sinalizadoras e nome de ruas. Segundo Simon, os filmes de Bergman são obras abertas apoiadas em perguntas sem resposta. Quem já respondeu perguntas como: Deus existe? Existe vida após a morte? Se a solução para os nossos problemas é o amor, qual o tipo de amor e como alcançá-lo? Se encontramos a paz no trabalho, na criação artística, na comunhão com a natureza, no círculo de amigos e na família, como agir para conquistar tudo isso?

Bergman diz que somos inteligentes o suficiente para fazer uma análise pessoal da experiência que partilha conosco. Ele nos pede para *sofrê-la*, porque sabe que viver a experiência sem emoção, só com o racional, não nos transformará. Ele se comunica diretamente com o nosso inconsciente. Aquele que só procura clareza analítica permanece um turista, um espectador. Presumo que, ao não compreenderem Bergman, muitos se sentem mais confortáveis como turistas e não desejam agitar, despertar, perturbar seus interiores sombrios que nem eles mesmos querem reconhecer.

Outra coisa que nos causa estranheza (somos obcecados pela história coletiva) é o interesse de Bergman pelo que Simon chama de "filme de câmara, derivado de orquestra de câmara, que significa o foco sobre uma, duas ou quatro pessoas, a ação confinada no tempo e no espaço, em um enredo extremamente intimista".

Ao tomarmos consciência da enorme importância da música para Bergman, compreendemos melhor seu desejo de recebermos seus filmes conforme recebemos a música. Eles devem nos atingir diretamente, assim como a música, tocando nos centros emocionais, contornando a análise racional detalhada. Nossa sintonia com Bergman deve ser diferente da que temos com filmes unidimensionais.

Ao nos afetar, da mesma forma que a música, ele nos conduz a um contato íntimo com alguns personagens. Em *Gritos e sussurros*, nos tornamos íntimos, como nunca, do processo da morte. Ficamos íntimos do significado da compaixão, expressada pela criada, e que nem mesmo a religião foi capaz de transmitir com tanta força. Nenhum santo ofereceu um amor tão profundo quanto o da criada. Bergman quer que sintamos com ele, que sonhemos com ele. Não nos dirá quando o sonho começa nem quando termina. Para ele, há uma identidade entre vida, sonho e arte. Seja consciente ou inconscientemente, vivemos um entrelaçamento deles, que os surrealistas chamam de "superposições".

Bergman se recusa a estabelecer fronteiras. Para ele, sonho e ação estão ligados, assim como a fantasia e a loucura, a criação e a destruição. Já que seu papel é tornar visível nossa vida subconsciente, tão visível quanto a consciente, ele não a pinta como uma presença fantasmagórica. Ao vestir as quatro irmãs de branco contra um fundo vermelho, não se trata somente de uma descrição realista do figurino e do cenário daquela época. Ele quer expressar a ideia de que, apesar de serem aparentemente unidas, são como perfeitas estranhas entre si. A unidade de uma família é uma ilusão. No sonho da irmã agonizante, elas deviam se integrar como irmãs e, juntando-se numa unidade emocional, derrotar a destruição pela morte. O sonho dela não seria concretizado, mas recebemos uma mensagem subliminar: o amor e a comunhão, sozinhos, poderiam ter vencido o aniquilamento da morte. Quando duas das irmãs parecem quebrar a barreira, falam e choram juntas, e parecem ter chegado a uma intimidade, de repente uma delas sai, fechando completamente a porta a essa intimidade, e a destrói com escárnio.

O mistério está ali e Bergman nos pede para contemplá-lo. Se o contemplarmos o suficiente, nossa criatividade pessoal cuidará de desvendá-lo. Parte do mistério é que ele nos leva a participar de um nascimento, o nascimento de um filme e de um personagem. Em *Persona*, ele começa com um conjunto desconcertante de imagens como a rápida recordação de nossa vida que, supostamente, acontece antes da morte. Ele nos leva para dentro da mente do cineasta, lembrando, meditando, dentro do processo desarticulado de nascimento de um filme, porque o tema surgirá como um estudo de arte e vida, do conflito entre ilusão e realidade.

Não estou aqui para analisar ou desvendar os personagens de Bergman. Meu pedido é que os receba da forma como ele desejava que fossem recebidos. Ele os descreveu conforme se apresentaram em seus sonhos. Ele respeita sua inteligência, deixando para você a interpretação.

Bergman decidiu atribuir basicamente às mulheres o peso da experiência: a gravidez, o estupro, a histeria, o insight psíquico, a alienação, o desamor, a paixão, a frustração. As mulheres facilmente se identificam com as mulheres de Bergman, e ele retratou todas elas. Saberia ele que Freud (o injustamente caluniado) afirmara que as mulheres mantinham um contato mais próximo com seu inconsciente do que os homens? Elas reconhecem suas obsessões, suas fantasias, suas frustrações sexuais, suas ambivalências, seus sacrifícios, seu masoquismo. Ele respeita as sombras. Presenteia-nos com experiências intensas que outros não querem abordar, como o tema da humilhação que os seres humanos exercem uns sobre os outros, o tema da repressão, de crueldades disfarçadas, de dualidades.

A imensa beleza dos filmes de Bergman é que ele leva a experiência emocional até o fim. Ele toca no fundo.

Nada é tratado com superficialidade, nem mesmo a aventura sensual. Compare *Sorrisos de uma noite de verão* com *A ronda*, de Max Ophul. Com todo o seu charme e ritmo, *A ronda* parece uma brincadeira.

John Simon conta que Bergman lia Jung quando criou *Persona*. Talvez ele tenha sido inspirado não só a estudar os papéis que os seres humanos desempenham para agradar os outros, como também a satisfazer expectativas do próprio eu consciente.

Por muitas vezes, Bergman descreveu o intercâmbio infinitamente sutil, a fusão e dissolução de uma personalidade na outra, as projeções e as identificações. Em *Persona*, seu foco recai sobre esse intercâmbio de almas e confusão de identidades. Ele explora em profundidade o tema do isolamento e de relações de reciprocidade equivocadas. Ele não nos diz se as mulheres trocaram suas almas, se a atriz recuperou a capacidade de sentir ou falar, se a enfermeira aprendeu ser impossível resgatar os outros com o amor. Bergman não tenta alcançar respostas definitivas. Ele adentra o labirinto, expõe as influências misteriosas, as camadas profundas de raivas e dúvidas secretas, as ânsias, os medos, as necessidades. É-nos dada uma expressão concreta de um drama psíquico desconcertante. Pela primeira vez, nos damos conta da intenção assassina do silêncio, das exigências das carências amorosas.

Em que outros filmes lidamos com aquilo que Simon descreve como o conflito entre agir e ser, arte e vida, ilusão e realidade, entre saúde e doença, verdades e mentiras, entre camuflar e revelar, ser e não ser, criação e destruição, vida e morte?

Um dos objetivos mais importantes da psicanálise não é o processo intelectual. Ela nos incita a reviver experiências reprimidas, a reviver emocionalmente o que não tínhamos conseguido sentir. É a jornada emocional, e não a analítica, que nos liberta de corrosões secretas. Essa é a intenção dos filmes de Bergman. Deveríamos aceitar essa jornada emocional profunda por regiões inexploradas, em sua maioria, por aquilo que não ousamos sentir, dizer, fazer, aceitar na vida. É uma jornada por regiões obscuras, que deveria remexer no nosso interior todos os elementos que possuímos e desconhecemos. Assim, poucos são os que vão até os extremos do amor, da obsessão, da crueldade, da alienação, do ciúme, da autodestruição. Uma vez revelado, o mundo psíquico, inconsciente, certamente nos assustará, pois esse é o mundo que Jung chamou de nossa sombra. Bergman expõe a sombra dos eus que não queremos reconhecer. Deixemos, ao menos, que esses eus vivam em seus filmes, e reconheçamos o quanto nos afetaram e modificaram. Seja quem for, aquele que torna nossos sonhos visíveis e audíveis ilumina e ajuda a nos tornarmos senhores de nossa própria vida inconsciente.

# LUGARES ENCANTADOS

## Fez: cidade dos labirintos*

Fez foi criada para o deleite dos nossos cinco sentidos. Minha primeira impressão foi um perfume dos móveis de cedro do Hotel Palais Jamai, um cheiro que reaparece no *souk,* ou rua, em meio à atividade intensa dos marceneiros. Meu quarto já ostenta as cores de Fez: na cerâmica azul, na bandeja de cobre, nas cortinas em tons acobreados. Ao abri-las, a cidade de Fez inteira está diante dos meus olhos. As casas em tom de terra se apinham, seguindo as sinuosidades das elevações, cercando, aqui e acolá, uma mesquita com seu minarete de telhas verdes resplandecendo com a luz do poente. Sobre os terraços, estão estendidas o que erradamente pensei serem trepadeiras de buganvílias e que na verdade eram peles e lãs tingidas secando ao sol, estendidas sobre os paredões e os muros da cidade, como parreiras de um vermelho vivo.

Os minaretes são inúmeros, cerca de trezentos, um para cada bairro, passando a sensação de proteção e serenidade tão característica da religião islâmica. Fez repousa numa imensa quietude. É uma cidade silenciosa, que a faz parecer cada vez mais uma ilustração bíblica. Figuras drapeadas em seus *djellabas* multicoloridos mantêm idade e peso em segredo. Uma criança que nunca tivesse aprendido a desenhar poderia

---
* Publicado em *Travel & Leisure,* outubro/novembro, 1973.

esboçá-las: um borrão colorido na paisagem, agitada pelo vento, os rostos femininos cobertos por um *Item*, ou véu, os homens escondidos sob burnus. É uma vida voltada para o aperfeiçoamento interior, cuja ocupação reside na habilidade, na destreza criativa incrível de suas mãos.

    O hotel fica na parte alta de Fez. No passado, fora o palácio de um vizir que, do alto de seu terraço, avistava a cidade inteira. Um novo hotel foi erguido bem ao lado do antigo, que permanece aberto à visitação. Há nele um quarto com incrustações de ouro no teto. O quarto da favorita fica no jardim, com seus tapetes em rosa forte e vermelho como um canteiro de flores de contos de fadas persas. A cama escura suntuosa tem a cabeceira em forma de concha, incrustada de cobre e madrepérola, e exala um perfume de cedro. As lâmpadas, em cobre recortado numa miríade de olhos, difundem uma luz suave, muitas almofadas de tecido adamascado e seda, divãs baixos, a ornamentação enriquecida pela madeira lindamente entalhada, por estuque, e um trabalho em cerâmica minucioso. Há um armário de cedro, amplo e fundo, para as joias da favorita.

    Os *souks* de Fez são um labirinto, daí a necessidade de um guia. Só os nascidos nessa cidade antiga conhecem os caminhos. As ruas, muito estreitas, foram assim projetadas para conservar o frescor e aplacar o calor do sol. Algumas ruas do século IX medem pouco mais de um metro e meio de largura. Logo após sair do pátio do hotel, acompanhados de um guia alto, bonito e trajando um *djellaba* de lã marrom e babuchas amarelo-canário, ou chinelos, entramos na medina, ou cidade árabe velha. A beleza desse labirinto é que ele leva a um mundo de arte e artesanato e desperta os cinco sentidos em cada trecho do caminho. Cada lojinha, que às vezes não chega a dois metros quadrados, revela algum talento. Homens costuram os cafetãs bordados usados pelas mulheres com galões dourados, debruns bordados, enfeites de lantejoulas coloridas. Os vestidos de musselina e gaze transparente das dançarinas são feitos para brilhar como joias e, pendurados na entrada das lojas, parecem adornos de tribos exóticas. Um homem de *djellaba* azul e barrete branco confecciona babuchas das mais variadas cores com o couro que vimos secar sobre os muros e terraços de Fez.

As cores invadem como nunca a nossa consciência: um *djellaba* azul-celeste com um véu preto, um *djellaba* cinza-pérola com véu amarelo, outro rosa-choque com véu roxo. As roupas escondem o contorno dos corpos, deixando-os indefinidos, e toda a intensidade da expressão se concentra nos olhos. Os olhos falam pelo corpo, pela personalidade, pela idade, transmitindo inúmeras mensagens com sua profundidade e riqueza.

Depois da cor e do movimento gracioso das túnicas, dos brilhos, da postura, do balanço das roupas folgadas, chegam os aromas. Uma barraca oferece sândalo vindo da Indonésia e das Filipinas, disposto em cestos redondos enormes, e é vendido a peso, por ser uma madeira nobre, de luxo, para ser queimada como incenso. Nas paredes do cubículo, fileiras de pequenos frascos com essências de flores: jasmim, rosa, madressilva e água de rosas, usadas para perfumar os convidados. Nas mesmas cestas, folhas de hena usadas pelas mulheres, que as destilam para passar nos cabelos, mãos e pés. Para os mais abastados, há a hena líquida. E tem ainda o famoso *kohl*, o pó de antimônio para o contorno dos olhos das mulheres, conferindo-lhes um sombreado suave e iridescente.

O cheiro das frutas, o cheiro dos perfumes e o cheiro do couro se misturam ao da lã molhada, estendida do lado de fora das lojas para secar. São colchas douradas parecendo bandeiras ao vento, tapetes de lã de carneiro, os apreciadíssimos cobertores de lã vermelho-cereja, os tapetes rosa, como canteiros de margaridas, lírios e flores de maçã. O azul é a cor simbólica de Fez, um azul-celeste, transparente, o único azul que evoca a palavra esquecida há tanto tempo e tão querida pelos poetas: *azure*. Fez é *azure*. Redescobrimos a palavra *"azure"*.

O cheiro do cedro torna-se mais intenso. Estamos agora na área dos marceneiros. Ela é espaçosa, alta o suficiente para abrigar as pranchas de madeira trazidas por burros para serem transformadas em mesas, cadeiras e arcas. O perfume é delicioso, comparável somente ao do pão recém-saído do forno. A madeira é clara e os marceneiros trabalham com cuidado e habilidade. A arte da marchetaria com madrepérola é uma raridade. Dois membros da única família importante que domina a arte a ensinam às crianças. Observo-as trabalhando, numa ala do museu, com pedacinhos milimétricos, dando-lhes forma e encaixando-os na caixa de pau-rosa entalhada. Não é uma arte encontrada nos bazares para turistas. Apreciar as mãos trabalhando em algo tão delicado é compreender o caráter marroquino como um todo: paciência, atemporalidade, cuidado, devoção.

E agora estamos na rua das especiarias. A aparência delas é linda, dentro dos cestos, arrumadas como numa paleta de pintor. Vemos o açafrão de um vermelho dourado, as ervas prateadas, o escarlate das pimentas, o tom sépia da canela, o gengibre ocre e o curry amarelo. Os aromas nos cercam, envolvem, inebriam. Vem a tentação de mergulhar a mão inteira nos pós coloridos. Mais adiante, aquelas ervas e especiarias surgirão sutilmente na cozinha típica.

    O marroquino consegue trabalhar num espaço exíguo porque conhece a arte da imobilidade, de concentrar-se no trabalho, impassível. Desconhece a agitação. Trata de desfazer os novelos de seda, enrolando-a em carretéis, amarrando e passando cintas. Mas, assim que começamos a flutuar num sonho de seda, musselina e bordados, somos mergulhados na profusão de marteladas do trabalho em cobre. Bandejas de cobre, espelhos emoldurados com cobre, candelabros, bules de chá estão sendo gravados com martelo e buril. Os homens sustentam as enormes bandejas entre as pernas. O mais velho e melhor dos artistas trabalha com uma precisão infinita, reproduzindo desenhos de mesquitas famosas. Seus pratos brilham feito ouro e os desenhos se abrem em flores, que se expandem e proliferam como uma natureza exuberante. Há sempre crianças e rapazes nos fundos da loja, aprendendo o ofício.

    Após o estardalhaço das marteladas no cobre, surge um diferente tipo de ruído. É o trabalho com estanho, produzindo tinas de ferro para lavar roupas, potes e panelas de cozinha.

    A barbearia é uma caverna misteriosa, com quatro cadeiras enormes parecendo tronos, que ocupam todo o espaço. No passado, o barbeiro era também responsável por circuncisões e, às vezes, cirurgias.

    Crianças passam por ali, rindo e correndo, levando travessas de massa para assar no forno comunitário. Cada bairro tem a própria mesquita, uma fonte, uma escola, um *hammam*, ou banho turco, um forno comunitário. Garotinhas de cinco e seis anos carregam o bebê da família nas costas, amarrado com um xale, e dão um jeito de se divertir em meio a suas obrigações.

Uma pequena banca vende pães doces – o presente que um convidado para jantar deve levar –, açúcar para o chá de menta e a confeitaria leve e folhada.

Duas mulheres passam por mim trajando cafetãs dourados e prateados, a caminho de alguma festa ou casamento. De minha visita anterior, há muitos anos, só sinto falta dos belos cavaleiros em uniforme de gala completo, com seus burnus brancos, os enfeites vermelhos dos cavalos e os punhais de ouro na cintura. As famílias ricas dos xeiques foram morar em Casablanca. Assim, só o que vejo agora são burros e mulas carregados de lenha, de peles secas, de móveis, de frutas e lixo, de pedaços de tecido, de sacos de batata, de tijolos. E quando os animais passam com um grito de alerta, é preciso espremer-se contra uma parede.

Agora chegamos à *souk* dos tingidores. Toda a rua sinuosa de paralelepípedos pertence a eles, e meus pés descobrem antes de tudo um riacho de água colorida transbordando das cubas. O guia comenta: "Não se preocupe. Seus sapatos ganharão cores maravilhosas". Em cada antro escuro cavernoso há caldeirões com corantes de diferentes matizes. Os homens mergulham neles a lã e a seda para, em seguida, torcê-las com força. As pernas nuas e as mãos, coloridas com o tom do tingimento em uso. Crianças assistem a tudo, aprendendo e ajudando quando podem.

Numa olhada discreta por uma mesquita, vejo um suntuoso tapete vermelho-sangue presenteado pelo rei. Há uma sala de oração separada para as mulheres. Antes de entrar, os fiéis lavam os pés e o rosto numa fonte.

Mesquitas, mercados, *souks,* escolas, banhos, todos interligados, dão uma sensação de calor humano ou intimidade.

Todas as atividades acontecem ao ar livre. Ao passar pelas escolas, escuto o coro recitando o Alcorão, que as crianças aprendem desde bem pequenas. Janelas de treliça escondem-nas da rua, mas algumas chegam até a porta, sorrindo. É difícil decorar os versos do Alcorão e a disciplina é severa.

Não existem escolas para mulheres, mas elas aprendem a arte e o artesanato com as criadas habilidosas que as servem: costura, bordado, pintura, cerâmica, tecelagem. O conhecimento delas não se restringe aos cuidados com a casa. No passado, elas se destacavam na poesia, na filosofia e na música.

É inevitável o convite de um vendedor de tapetes para tomar um chá de hortelã e dar uma espiada na sua seleção. Eles estão espalhados pelo chão de um antigo palácio, hoje transformado em depósito de tapetes. Aprendemos a distinguir entre a padronagem de Fez e a berbere. A de Fez lembra os desenhos floridos intrincados da Pérsia, enquanto os berberes, de lã natural, com motivos abstratos e cores sólidas, lembram, pela sua simplicidade, os padrões dos índios norte-americanos.

As antigas hospedarias, ou *fondouks*, ainda estão ali, como eram na Idade Média. Burros e camelos descansam no pátio interno ou nas celas que o circundam, e os comerciantes vindos de outras cidades dormem com seus burnus. Mas muitas hospedarias foram transformadas em oficinas para artesãos e artistas. Uma delas é repleta de peles de carneiro, colocadas de molho, para facilitar a retirada da lã.

Uma pesada porta de cedro, elegantemente entalhada, com fechadura de prata maciça ou ferrolho em formato de árvore, indica uma casa abastada.

Em um recinto escuro abrigado, homens alimentam o fogo para o *hammam,* jogando nas fornalhas sobras de madeira da marcenaria ou feixes de eucalipto perfumado.

À venda, uma profusão de cestos de hortelã, às vezes vendidos por uma velhinha solitária. Ao parar em um café pequeníssimo e escuro, vejo o samovar, sempre no fogo, e observo o ritual de preparação do chá de hortelã. Sento-me num banco rústico e o menino encarregado de macerar a hortelã no bule de chá traz um tamborete mínimo para os copos.

O chapéu vermelho e cônico que os marroquinos gostam de usar, com seu pingente preto, é de origem turca e é chamado de *tarbouche* pela população local e de *fez* pelos turistas.

Digo a um comerciante que aponta insistentemente para dentro da loja, cheia de antiguidades: "Não estou fazendo compras. Estou escrevendo sobre Fez". Ele faz uma reverência e responde num francês floreado, "Entre, para o puro deleite dos seus olhos!".

Para o puro deleite dos cinco sentidos!

O cheiro forte e acre dos curtumes é o único desagradável. O tingimento ocupa toda uma praça, com poços imensos de um líquido cinzento. Os homens trabalham seminus, usando ganchos para lidar com as peles. Oito ou dez cubas funcionam ao mesmo tempo e as peles são dependuradas nos muros para secar.

Sabendo que Fez, uma das quatro cidades imperiais do Marrocos, foi antigamente o centro da vida cultural e religiosa, desejo visitar a biblioteca da Universidade de Karaouine, que guarda manuscritos originais árabes antigos.

Para a visita, ofereceram-me um guia chamado Ali. Um homem alto, bonito, cabelos escuros, de um moreno azeitonado, que fala francês com uma linda pronúncia. Ele veste um *djellaba* tradicional marrom e babuchas amarelas. Sei que os árabes adoram poesia, o culto da palavra falada, o dom de saber contar histórias. Ali me transporta para o ano 900 recitando versículos do Alcorão, e versos de poemas de Omar Khayyam. Ele manifesta uma profunda preocupação com a sobrevivência de Fez e me leva aos aposentos dos estudantes, os que estavam abertos e reconstruídos pelas Belas-Artes. Mas mostra-me também os aposentos condenados pela falta de manutenção, com seus ferrolhos de madeira maciça sempre trancados, e os destinados a outros usos, como o artista que trabalha com entalhes de cedro. Ali mostra-me a fonte abandonada com a decoração de cerâmica parcialmente danificada. Ele me faz temer que essa visão de outros séculos desapareça, como um sonho das *Mil e uma noites*, por descaso ou indiferença. Ele anseia pela intervenção dos Estados Unidos, país generoso, que reconstruiu Versalhes, para intervir, para resgatar as vigas de cedro entalhadas, o trabalho refinado das cerâmicas, os padrões rendados de estuque, os arcos delicados. Entre a ode à beleza de Fez, tão mais refinada, tão mais intelectual, tão mais espiritual do que outras cidades, e sua ode aos artesãos habilidosos, Ali recita versos de Omar Khayyam:

> *Vede! Alguns dos que amamos, os mais adoráveis e melhores*
> *Para quem o Tempo e o Destino apressaram toda a vindima,*
> *Beberam, antes, sua taça uma ou duas vezes*
> *E, um por um, arrastaram-se em silêncio em direção ao repouso.*

Ali me conscientiza da fragilidade de Fez, de que deveríamos conhecê-la bem, antes que desapareça, de que deveríamos aprender os mil e um gestos manuais de seus artesãos, sua paciência, seu prazer em transformar cada pedra, cada pedaço de madeira, cada camada de estuque, num objeto de beleza. Ele me faz lamentar as madeiras corroídas, as cerâmicas quebradas, os palácios negligenciados e abandonados e a figueira abatida na praça em frente à biblioteca, onde os estudantes se reuniam para discutir, ler seus poemas e pregá-los na árvore para a avaliação dos passantes.

O tesouro da biblioteca, os manuscritos com iluminuras, estão trancados e não posso vê-los, mas Ali é a personificação de tudo o que li sobre Fez. Sua voz suave e modulada vem do passado intelectual e literário dessa Fez radiante.

Ele me faz lembrar o contador de histórias que eu conhecera em Fez há alguns anos. Ali comenta que ele não estará ali no inverno. A praça onde se reúnem engolidores de espadas, carregadores de água, comerciantes de tapetes, dançarinos, acrobatas e contadores de histórias é fria demais e não tem nenhum lugar para ficar. Mas, como sou teimosa, na sexta-feira, o dia sagrado islâmico, vou até a praça. Ainda que lá só estejam uns cinquenta a cem visitantes, encontro meu contador de histórias no centro de um grupo de ouvintes, das mais variadas idades, atentos e extasiados. Eles estão acocorados, absolutamente absortos por ele, sem desviar a atenção por um momento sequer. Ele é jovem, veste um *djellaba* de lã listrada de preto e branco, um barrete branco na cabeça e empunha um cajado para dar imponência ao relato. Seus olhos são enormes e brilhantes, a pele escura e traços regulares. Ele conta a história de Ali Babá carregando na dramaticidade, com pausas para aumentar o suspense, num estilo fluido e arrebatador.

Pela ênfase de Ali quanto à beleza efêmera de Fez e a possibilidade de seu desaparecimento, pelo meu sentimento recorrente de que sonho dentro de outros séculos, procuro manter esse sonho próximo com maior intensidade ainda, ao menos durante minha estada. Vejo a cerâmica quebrada em pedaços pequenos para os mosaicos, percebo a leveza e a claridade do ar, as velhas muralhas, os muros da cidade cobertos de líquen e musgo de um suave verde-acinzentado. A essência secreta de Fez é a serenidade, expressa na quietude da noite, das raras luzes, nos tamarineiros que nunca parecem desalinhados, nas figuras agitadas pelo vento, nos azuis de Cézanne, nos rosas de Dufy, nos brancos perolados e nos negros de carvão. A essência secreta de Fez chega a mim às cinco e meia da manhã quando desperto ao som do *muezzin*, o apelo à oração vindo do minarete. Essa oração é entoada cinco vezes ao dia e parece ao mesmo tempo um lamento e uma invocação, uma consolação e uma ação de graças lírica. Às cinco e meia da manhã, ela assume uma qualidade especial: a da fé solitária protegendo a cidade adormecida, uma oração que é também um chamado para acordar aquelas prodigiosas mãos, dinâmicas e ágeis, nunca paradas e nunca preguiçosas, que só descansam no momento da oração.

 É Ali quem me conta a lenda que deu nome a Fez. Seu início encontra-se no espírito democrático do fundador, Idriss II. Escolhido o local e começada a construção, o rei pegou uma picareta e deu o primeiro golpe na pedra. *Fez* significa picareta. Em escavações posteriores, encontraram uma picareta de ouro, que teria sido dada ao fundador como símbolo. Quando duvidam da lenda, os administradores do museu estão prontos para responder com silêncio, pois o respeito às lendas é tão importante quanto o respeito aos fatos.

Ali não se contenta em citar Omar Khayyam e o Alcorão, e recita sua própria poesia, poemas dedicados à beleza de Fez, nomeando suas árvores: araucária, gengibre, bambu, ameixeira, suas flores e frutos. Ele tem teorias próprias sobre os visitantes. Não deveriam ser tratados como turistas. Deveriam ser convidados como amigos para casamentos, enterros, aniversários e outras festas. Assim, sou levada a aceitar o convite de um garçom do Palais Jamai, cuja mulher deseja preparar um autêntico cuscuz para mim. Vamos, então, até a casa minúscula, subimos os degraus minúsculos e a encontramos em sua cozinha minúscula, no terraço. Uma mulher bonita, de olhos grandes e perfil nobre, que tinha cozinhado o dia inteiro. Sento-me na sala de estar, com divãs baixos encostados nas paredes e uma mesa redonda de cobre no meio. Nas paredes, pratos de cerâmica azul de Fez. Trazem bolinhos, de formato semelhante aos dos pratos de estanho em forma de cúpula que vi sendo moldados nos *souks*. A mãe da mulher também está de visita. Ela vem do Norte. Nenhuma das duas fala francês, mas damos um jeito de transmitir afabilidade, e eu demonstro o quanto aprecio o cuscuz, que está delicioso: um monte de sêmola cor de açafrão, coberto com vegetais, frango e passas. Comemos do mesmo prato. As mãos da mãe estão manchadas de hena, e percebo que ela não está se servindo. Quando pergunto ao sr. Lahlou por que, ele explica que ela não sabe comer com colher e garfo. Então, digo que nós é que somos os desajeitados que não sabemos comer com a mão. Em seguida, a mãe come, com habilidade e asseio, formando bolinhas com a sêmola. A refeição termina com uma grande laranja doce que o anfitrião descasca e divide entre todos. E, claro, chá de hortelã. Perto da hora de ir embora, o anfitrião pega os pratos de cerâmica azul da parede e os entrega a mim. Ele explica que os turistas não são acolhidos adequadamente. O antigo ideal de hospitalidade ainda se destaca. A hospitalidade é sagrada entre os povos do Islã.

Naquele dia sem vento, a fumaça dos fornos comunitários é visível da janela do hotel, uma fumaça branca e límpida. Em dias como esse, as cinco bolas douradas no topo dos minaretes, simbolizando as cinco orações, brilham como sóis.

Quando dois garotinhos brigam nos *souks*, atracando-se com raiva, Mustafa, o guia, não só os aparta, mas também os obriga a se beijarem nos cabelos. Os homens também se cumprimentam com um beijo nos cabelos ao se encontrar nos cafés e conversam pelas ruas de mãos dadas. A vida, como um todo, exala uma ternura fraternal.

"E quando veio a milésima primeira noite, Dunyayad disse à sua irmã [...]"

# Marrocos*

No Club Méditerranée em Moorea, estávamos no Taiti de verdade. Mas em Agadir, no Marrocos, o Club é como uma pensão familiar francesa. Os árabes não entram. Depois do terremoto que a destruiu, Agadir é uma cidade inteiramente nova. O *chef de village* ocupara o mesmo posto num subúrbio francês. A praga do *rock and roll* não se limita à piscina ou ao salão de jantar, porque há alto-falantes instalados longe do clube, até seus limites, para ser ouvido em cada cabana. Somente a arquitetura é marroquina. A piscina é como uma piscina em Paris ou em Long Island, o *rock and roll* estraga as refeições. O mar é gelado. A única solução é viajar, sair em excursões e, então, é maravilhoso.

Saímos cedo num Land Rover, com um estudante francês como guia. Atravessamos as montanhas do Atlas, no sul do Marrocos, chegando a aldeias isoladas com casas de terra vermelha. Dirigimos por montanhas, planícies e dunas, muitas vezes sem estradas. Depois de horas, ar seco e calor abrasador, a sede é de matar, e só então é possível compreender a profunda beleza de um oásis. O verde, as frutas, a sombra, a água. Há riachos para molharmos os pés, fontes de onde beber. Depois

---

* Extraído do diário de Anaïs Nin.

do deserto, as árvores parecem cem vezes mais verdes, a água, cem vezes mais fresca. Em determinado lugar, o almoço é servido sob uma tenda. O chão, recoberto por tapetes, as mesas são bandejas de cobre sobre bases de madrepérola. O carneiro assado inteiro é trazido num espeto e comemos com as mãos. O cuscuz tem uma tonalidade dourada. Como sobremesa, figos e chá adoçado. De outra feita, depois de rodar por um bom tempo pelo deserto, chegamos ao anoitecer a Ouarzazate, onde há um lindo hotel pertencente ao Club, um castelo imponente de terra vermelha, em uma típica arquitetura marroquina. Uma queda d'água, larga e alta, cai da parede dentro da piscina. Um filhote de antílope nos saúda e logo volta para a cama de palha perto da fogueira ao ar livre. O salão de jantar situa-se sob a piscina e, enquanto jantamos, observamos nadadores como se fossem peixes num aquário. Os quartos têm nome de minerais: Lápis-lazúli, Serpentina, Quartzo, Ônix, Alabastro, Calcita. Essa é a terra dos minerais. As crianças os encontram pela estrada, são expostos em mesas ou, às vezes, se os pedaços forem pequenos, dentro de garrafas.

Da janela do quarto, a vista é um deserto a perder de vista, em um delicado tom de sépia ou malva, com arbustos cinza-prateados. A ausência de limite dá uma sensação de infinito. No infinito, vida e morte estão em suspenso. É um momento de liberdade de ambas. O ar é claro, puro; o silêncio, tranquilizante. Bem diante de nós está a cidade murada usada em filmes. Uma companhia cinematográfica reconstruiu o portão.

Quero ficar aqui. Amo as mulheres, tão misteriosamente envoltas em preto, seu andar ritmado, o porte altivo enquanto carregam os jarros no caminho até a fonte. Por trás dos véus, os olhos parecem joias; as crianças, de uma beleza tão vívida, tão esfuziante. Amo os homens, austeros, violentos, orgulhosos de seu porte. À noite, as mulheres dançam, trajando várias camadas de joias e de musselina em tons pastel. Os homens, a cavalo, atiram para o ar usando antigas espingardas. Amo seu jeito reservado e sua curiosidade. Eles nos observam dos telhados das casas. As janelas são pequenas, com cinquenta centímetros de altura por trinta de largura, no máximo, qual janelas de prisão, para evitar a entrada do sol escaldante. Elas também são gradeadas. Permitem nossa entrada em uma das casas construídas numa colina, como uma caverna pré-histórica. O chão é de terra batida e sua forma acompanha os contornos da colina. À esquerda, há um abrigo para o burro, à direita um abrigo para o filhote adormecido sobre uma pele de carneiro. Subimos a colina até o quarto. Um tapete no chão, um vestido pendurado num prego, um colar. Uma imagem sagrada do Alcorão, que vi à venda no mercado. Num canto, o lugar para o fogo e, sobre ele, suspenso, um caldeirão. Escavado na terra, todo o ambiente foi construído em nome de abrigo e sombra, as paredes de terra e as janelas minúsculas conservam o lugar fresco e livre do sol. Uma vida no interior da terra, na escuridão. Ao sairmos, notamos que o marido é deficiente físico e ele permite a entrada dos visitantes em troca de uma pequena gratificação.

Vejo homens debulhando o trigo à moda mexicana, com os pés e os cascos dos cavalos. Cantam enquanto trabalham, jogando o trigo no ar, peneirando-o, no ritmo da cantoria.

No alvorecer de outro dia, vamos ao mercado de camelos em Guelmim, à beira do Saara. Fica na região dos chamados Homens Azuis. Seus cafetãs são de tonalidades especiais de azul, que nenhuma outra tribo usa. A tintura acaba tingindo a pele deles de azul, daí o nome como são conhecidos. Os camelos são de todos os tipos e tamanhos. Há muita pechincha, e os dentes dos animais são bem examinados para conferir sua idade.

Jovens e velhos têm olhos sempre ardentes. Os das crianças brilham como o reflexo do sol no ônix.

Vivemos em tempos bíblicos. Nada muda. As crianças serão corrompidas pelos turistas. Elas aprenderam a esmolar, ainda que os pais as castiguem por isso.

Um guia, em seu cafetã azul imaculado e camisa branca engomada, mostra-nos como subir numa árvore e arrancar um coco sem sujar ou amarrotar a roupa.

O cheiro de certa madeira queimada é permanente, lembrando incenso. São aldeias tranquilas, encantadoras, no meio do deserto. As pessoas são silenciosas. Por vezes, o som de uma flautinha, os sinos de um animal e um canto religioso ganham nitidez em contraste com o silêncio, um silêncio que nunca conhecemos devido à profusão de sons de nossas cidades. As pessoas, os animais, as construções se destacam nitidamente do céu azul e das dunas de areia, impossíveis de serem apagados da memória por causa do ritmo lento, por prender a atenção, pela totalidade da visão não desperdiçada e que é dilacerada pelo caos e a confusão de nossas cidades. Vejo o antílope, as crianças, os cavaleiros, o carneiro no espeto, assim como vemos o ser amado destacado na multidão.

Lembro-me de uma noite, em um hotel marroquino construído como uma casa espanhola, em torno de um pátio. As escadas levavam a um terraço sobre o teto. Eu não conseguia dormir. Andei um pouco por ali e subi para o terraço. Ouvi o canto sagrado vindo da mesquita. As estrelas pareciam mais numerosas, assim como parecem mais próximas no México. A cidade dormia, toda branca, banhada de luar. Alguém orando por nós enquanto todos dormiam fazia-nos sentir misteriosamente protegidos. O Marrocos me fascina mais uma vez, como no passado. É uma atração profunda e indefinida. Cheguei a pensar que era pela forma labiríntica das cidades, mas agora amo o deserto.

Em Marrakesh, deparo-me com a mesma vida intensa em sua praça como na de Fez. Os balcões de comida com o aroma da cozinha, os acrobatas em ação diante de círculos atentos, os carregadores de água vestidos com brilho medieval e guizos no chapéu, dançarinos saltando no ar, os engolidores de espada causando espanto nas crianças, os engolidores de fogo, os comerciantes de tapetes, os mendigos, as mulheres com seus véus, e até hippies encardidos pedindo esmola aos árabes pobres, fiando-se no seu senso religioso de hospitalidade. Gosto do jeito com que os homens se abrigam sob seus burnus e adormecem nas soleiras das portas. Faz muito calor. Sentamo-nos num terraço de onde podemos avistar todo esse espetáculo luminoso. É tão rico de cores, de cheiros e sons, ou seja, uma intensidade de causar arrepio.

Saindo do restaurante, já tarde da noite, temos que caminhar pelas ruas estreitas até o carro, na praça. Os mendigos rapidamente nos cercam. Eles não têm pernas, não têm braços, alguns cadeirantes, outros cegos ou corcundas. Uma visão do inferno. A ânsia, as rivalidades, o choque de suas deformidades a centímetros de nossos olhos, é tudo dantesco e aterrorizante. Está escuro. É uma forma de mendicância que quase paralisa a compaixão. É como se não tivéssemos o suficiente para dar; eles se multiplicam, crescem, devoram. É gente demais pedindo ajuda. Eles nos seguem até a praça. A alegria do restaurante, a dança das mulheres na transparência de suas musselinas enfeitadas com miçangas douradas, tudo isso é apagado pelos mendigos. A vida subterrânea do Marrocos é trágica e chocante.

    Lembro-me especialmente de um garotinho árabe porque ele vivia perambulando pelo café e se sentava à mesa de todo mundo. Tinha uns sete ou oito anos. Era bonito e sabia disso. E se oferecia como guia. E oferecia também as irmãs por dinheiro, vendia drogas. Sabia umas poucas frases em inglês. Era lisonjeiro, suave, charmoso e corrompido.

    O guia francês é um jovem estudante, descendente de George Sand. Tem um rosto feminino, é espontâneo e receptivo. Ele ama o Marrocos e se empenha em alimentar o respeito dos visitantes. Mas os outros turistas franceses me aborrecem. Falam sem parar. Seu falatório destrói o silêncio. É frívolo e os impede de ver e sentir. Quando os sentidos das pessoas estão despertos, faz-se o silêncio. No deserto, percebi meus sentidos tão apurados que os cheiros, as vibrações do ar, as ondas de calor inigualáveis, o chacoalhar das folhas no oásis e o frescor dos riachos pareciam absorver toda a minha atenção. Sinto-me como um animal, sensível aos cheiros. Não consigo entender o falatório e as brincadeiras bobas e barulhentas como jogar água um no outro. Juro voltar aqui sozinha.

    O aniversário do rei significa festa. Os cavaleiros árabes saem galopando selvagemente e atirando ao mesmo tempo. As danças, coloridas e hipnotizantes. Armaram tendas, carregadas de sensualidade, pretas e brancas por fora e vermelhas por dentro. Há tapetes forrando o chão. Bandejas de cobre são servidas com figos e chá de hortelã adoçado. Os cavaleiros galopam pela praia e nos sentamos no cais de modo que eles voam em nossa direção, silhuetas recortadas no mar e no céu. Os cavalos brancos e os burnus brancos parecem brotar da espuma das ondas. Seus olhos ardentes contra o branco e o branco, contra o céu de um azul impressionante.

A beleza vigorosa do Marrocos é irresistível e magnética. De volta à feiura de nossas cidades, nos lembramos do Marrocos como de um oásis quando a sede é de beleza.

# O espírito de Bali*

A beleza física estonteante de Bali é uma expressão do seu espírito.

Somos afetados por ela do momento em que aterrissamos no clima ameno, que nos prepara para relaxar corpo e alma e cair num padrão rítmico como o de um balé aquático.

A beleza do povo é universal. Tanto homens quanto mulheres têm a pele impecável num tom de mel, cabelos negros brilhantes e sorrisos deslumbrantes. Trajam *batiks* coloridos amarrados fortemente na cintura, até os pés para as mulheres e mais curtos para os homens. Ao seguir de carro para o hotel, as casas, tanto as ricas quanto as pobres, exibem o mesmo muro de pedra recoberto por flores e trepadeiras.

Os templos das famílias, ou seja, pagodes com telhados de palha negra, são mais altos do que os muros. Em meio às casas, situam-se os templos das aldeias para reuniões maiores.

Em Bali, há três mil templos. Imagens de muitos deuses e deusas ornamentam muros e portões, mas os templos em si são palcos vazios, à espera das oferendas suntuosas dos fiéis.

Painéis de um colorido alegre indicam o caminho para os templos, as lojas de artesanato, as danças. São confeccionados

---

* Extraído de *The Village Voice*, 6 de janeiro de 1975.

com folhas de palmeira e muitas vezes são decorados com fitas, flores e conchas. Outras formas chamativas são as sombrinhas festivas e brilhantes, vermelhas, amarelas e azuis com franjas douradas, antes privilégio dos sacerdotes.

As mulheres, de sarongue laranja, são pequenas, totalmente proporcionais, com pés e mãos delicados. Têm voz suave e melodiosa. A refeição é servida como um ritual, para não perturbar o deleite meditativo e contemplativo dos sentidos, sorvendo o cheiro do mar, a qualidade aveludada do ar, o perfume das especiarias e das flores.

É uma terra de poucas palavras, para que os sonhos não sejam abalados nem desfeitos. Os balineses acreditam que os nove meses passados no útero são um período de meditação. Tudo leva a esse florescimento dos sentidos.

A beleza das mulheres, de pele macia, traços delicados e gestos graciosos; o encanto das casas, com as pontas dos pequenos templos aparecendo por cima dos muros de pedra; o artesanato sofisticado e esmerado; as esculturas nos templos, semelhantes aos famosos baixos-relevos do Camboja e da Índia; as cores intensas dos rituais, predominando o laranja e o dourado; os arrozais opalinos refletindo o céu no espelho d'água que os encobre – tudo isso é permeado de significado, com mensagens simbólicas. Essa é a razão para o trabalho, o artesanato, o teatro e a música lhes proporcionarem alegria. A primeira visão de uma mulher caminhando com passos sinuosos, com uma cesta no alto da cabeça e os dois braços curvados como alças de um vaso grego, a graça e o equilíbrio de passos inabaláveis por estradas nas montanhas ou terrenos acidentados já é uma expressão de sua crença de que o equilíbrio físico cria o equilíbrio interior, e que os espíritos malignos da doença ou da insanidade só podem entrar ou possuir os que não têm equilíbrio.

Há indícios de animismo, de culto aos ancestrais, da fé budista na reencarnação. Os deuses habitam nos vulcões e alguns deles nas profundezas do oceano. Não se deve viajar para grandes alturas nem para grandes profundidades.

Todos possuem uma amabilidade natural, um sorriso natural. A palavra para estrangeiro é "convidado", e não "forasteiro", como em outros países.

Na língua balinesa, não existe uma palavra para arte ou artista. A criatividade é algo natural e comum. É um meio natural de honrar os deuses e servir à comunidade. Todos eles são artistas na nossa ótica. O pescador pode ser o músico à noite, a moça da aldeia que trabalha o dia inteiro pode ser uma das dançarinas exóticas. Arte é artesanato, o estado de aparente transe da criação é simplesmente uma comunhão com os deuses.

A vida balinesa alcançou a harmonia, e ela é a expressão de uma atitude. Não é que eles ignorem as forças obscuras da vida. Sabem muito bem que o mundo é cheio de perigos. Mas os deuses podem ser aplacados com rituais bonitos, oferendas decoradas e elaboradas, orações, danças e música. Os deuses são humanos. Apreciam a beleza, a música, as danças, os três mil templos construídos para eles, tesouros de esculturas. Os balineses enfrentam o mal, representando-o com esculturas retorcidas e assustadoras, cujas ameaças lhes são conhecidas, rostos contorcidos de raiva que eles esculpem em máscaras. No palco, a feiticeira, deusa do mal, nunca morre. Os balineses são realistas, mas são artistas na expressão de rituais e cerimônias. Eles alcançam picos de beleza estética incomparáveis até mesmo no Japão.

A dança não é apenas uma forma de arte, é uma interpretação da vida. Bali é a ilha de festivais intermináveis. Dança e música são constantes. Nas cerimônias, o gosto para misturar as cores dos trajes é irretocável. As mulheres usam cores básicas nas blusas, que hoje vestem devido aos olhares constrangedores e risadinhas dos turistas. Os sarongues exibem uma mistura rica de cores e padronagens. Os traços das balinesas são delicados e os olhos, profundos e brilhantes. Suas mãos são suaves, mesmo as das mulheres que trabalham. Elas adotaram a toalha de banho enrolada no alto da cabeça como apoio macio quando carregam algum peso.

Eles não esquentam a comida. A qualquer hora, enquanto trabalham, ou perto de alguma barraquinha à beira da estrada, eles abrem a folha de palmeira cuidadosamente dobrada e comem arroz com um pouco de frango ou peixe. Ninguém é escravo do relógio. Se os homens ficam exaustos do trabalho no campo e estão longe de casa, erguem um pequeno abrigo e dormem durante as horas mais quentes do dia.

Meu guia é um jovem universitário. A princípio, seu desejo era ser médico, mas porque os estudos requeriam muito tempo e devido à morte do pai, baleado pelo melhor amigo e colega de trabalho na polícia, Wayan Subudi foi obrigado a trabalhar cedo. Formou-se em literatura e poderia ter sido escritor, mas confessa sua preguiça. Subudi, de olhos orientais puxados, perfil bonito, dentes alvos e cabelos pretos ligeiramente ondulados, é um guia perfeito. Conhece Bali muito bem, mas espera que lhe façam perguntas, e não nos afoga com prosas prolongadas. Ele nos concede tempo para absorver, meditar, silenciar, e então, quando alguém faz uma pergunta, ele responde de forma simples e direta.

O irmão dele mantém um forno de cal (eles moem e aquecem coral para fazer cal). A mãe tem uma loja fora do conjunto residencial onde moram. Ao visitar sua casa, ele me levou até um cômodo pequeno caiado, com uma janela que dá para os canteiros de arroz cheios de patos, andando enfileirados. Subudi mostra-me fotos de parentes, da cerimônia de cremação do pai (que comprometeu as finanças da família). Quando entrei, sua mãe cozinhava no forno ao ar livre sobre um braseiro.

Ele deixou entender que a universidade acabara com muitas de suas crenças, sem, porém, afetar sua sobriedade (nada de álcool, de comida em excesso, de drogas). O que jovens de outras partes parecem obter com as drogas, os balineses conseguem com jejum e meditação.

Ele quer saber se acredito em reencarnação. Respondo: "Gostaria de acreditar".

O jovem guia traduz algumas inscrições nos templos. Algumas proíbem a entrada de mulheres durante a menstruação. Outros só autorizam a entrada com o uso do sarongue e adereço de cabeça apropriados para o lugar. Ele me permite descansar, sentada sobre uma das muretas, e mais tarde comenta que aquilo era proibido porque a mureta é sagrada. Ele é como o próprio espírito de Bali, como o xilofone de bambu, delicado e reservado, resignado a ter de trabalhar para a família. Ofereço-lhe um caderno para escrever seu diário. Permanece em mim a gentileza e a forma suave com que partilha seus conhecimentos.

Tudo o que se refere a Bali é marcante. Seus elementos estéticos e espirituais tocam muito mais profundamente do que aquilo que podemos perceber com os olhos. É como o incenso do templo, impregnado na roupa.

Cada dia Subudi me leva para uma jornada diferente. Durante o dia, o passeio segue por aldeias, arrozais, florestas tropicais, montanhas, vulcões, lagos e templos. Essas explorações complicadas, por estradas sem demarcações, só podem ser feitas com um guia. Subudi sempre conhece o significado histórico, religioso ou cultural de cada lugar.

Começamos, certo dia, uma viagem de imersão nos templos. Nehru chamava Bali de morada dos deuses. Na história antiga, era descrita como "A Manhã do Mundo". Cada templo tem uma consagração espiritual diferente. Em geral, são constituídos por diversos pagodes bem altos, com telhados recobertos de palha negra. Há balcões vazios à espera de oferendas. As mulheres chegam com trajes esfuziantes, trazendo as oferendas na cabeça. Às vezes, são peças com mais de sessenta centímetros de altura, uma pirâmide de frutas, flores, plumas, arcos, artisticamente arrumados. As frutas e a comida ficam ali enquanto rezam, cercadas pelos filhos. Diz-se que, durante esse tempo, o deus absorve o espírito do alimento e, então, as mulheres podem levá-lo para casa.

O Templo do Deus do Mar, Tanah, foi construído numa ilhota e parece um barco esculpido na rocha. O pagode negro ergue-se como uma silhueta contra o céu. É tempo de maré alta, mas as mulheres com suas oferendas continuam caminhando dentro da água, que já bate na altura dos quadris. Uma corda esticada sobre estacas ao longo do acesso à ilha impede que elas sejam arrastadas.

Muitos templos, muitos deuses. Deuses para o mar, para o vale, para as colheitas de arroz, para a fertilidade. Taman Ayun é envolto por um fosso que reflete as flores e as árvores. Pontas de metal com três dentes, como o tridente de Netuno, estão fincadas na ponta do telhado para amedrontar os maus espíritos. Nos dias de festa, o balcão das oferendas é coberto com um tapete. Sombrinhas e oferendas cercam os sacerdotes. Alguns templos são construídos por várias famílias, que reúnem suas fortunas para construir templos individuais para seus ancestrais à sombra do Templo-Mãe.

O Templo da Caverna do Morcego é uma enorme caverna natural com milhares de morcegos que ficam ali pendurados, esperando pela noite, quando saem para pilhar frutas. São morcegos sagrados. As mulheres sentam-se de pernas cruzadas ao lado de suas oferendas. Enquanto rezam, também observam outros visitantes e mantêm o olhar atento nos filhos. Uma jovem amamenta seu bebê. A folha de pândano, tão empregada na confecção das oferendas, brilha sob o sol num tom dourado translúcido.

O vulcão entrou em erupção em 1963. Da primeira vez, a lava escorreu parando prestes a engolir o templo, e a população sentiu que os deuses tinham controle sobre o fogo de dentro da terra. Mas, na segunda vez, a lava engoliu o templo. O povo simplesmente concluiu que as oferendas tinham sido insuficientes.

É possível caminhar durante horas pelos campos, pelas florestas, por caminhos nas montanhas cuidadosamente mantidos como se fossem jardins particulares. Na imaginação, sempre veremos os sarongues tangerina, roxo e verde, as peles cor de mel, os cabelos negros sobre um fundo de verdes exuberantes. São verdes dourados, banhados pela luz do sol, outros com o brilho do orvalho ou com a água de uma cascata, ou as suaves quedas d'água fluindo dos arrozais nos terraços. A profusão do verde orvalhado enche os pulmões com um oxigênio misterioso. O andar dos idosos, nunca rígido ou trôpego, revela que seu processo de envelhecimento não os priva de flexibilidade e graça. Fazem trabalho pesado, arando, batendo, debulhando o trigo, carregando pesos e feixes de arroz ou pedras até a estrada. Mas tudo isso é feito com um ritmo natural, enquanto eles caminham por quilômetros, um ritmo que nunca é quebrado, sem pressa, sem tensões, sem nenhuma força impulsora obrigando-os a ir além de sua energia natural.

Sob a chuva fina, a cena muda. Eles usam uma folha de tamareira para cobrir a cabeça. Nossos guarda-chuvas são pretos, mas os deles são amarelo-canário, rosa-choque, tangerina e verde-limão.

Visito um fabricante de instrumentos altamente respeitado na comunidade. Muita troca de cortesias e reverências formais. À direita, três homens manejam o fole numa forja a céu aberto, onde o metal é moldado. Em outros prédios abertos, homens de cócoras esculpem a ornamentação de madeira do *g'nder*, um instrumento musical. Em outro edifício ainda, os instrumentos são pintados e dourados. O grande gongo, devidamente demonstrado pelo fabricante de instrumentos, ressoa no coração e vibra pelo corpo inteiro.

A aldeia mais antiga de Bali manteve-se isolada por muito tempo, sem se misturar às demais. Hoje, ela é um exemplo austero de simplicidade. As casas de pedra foram construídas, em uma linha uniforme, de cada lado da rua larga de paralelepípedos. Um barracão comprido com uma plataforma suspensa, com telhado de fibra de cana-de-açúcar e iluminado por uma lamparina a óleo, serve de ponto de reunião para os mais velhos. Poucos pertences, poucos móveis, nenhum abarrotamento; um tear, um instrumento antigo, fotografias de ancestrais, uma esteira para dormir. Os anciãos exercem a lei e a justiça, e estabelecem as datas para os rituais. O escriba, conforme é chamado, fica sentado na entrada da aldeia, gravando e ilustrando histórias mitológicas em sânscrito. Ele grava sobre folhas de palmeira de cinco centímetros de largura por quarenta de comprimento que, em seguida, são amarradas com um pedaço de casca de árvore para serem desdobradas como uma sanfona.

Em Bali, não somos julgados pelo que possuímos (eles desprezam a riqueza). Somos julgados por nossas maneiras e o lugar que ocupamos na hierarquia no mundo espiritual e artístico. O músico, o dançarino, o fabricante de máscaras, o entalhador de madeira e o escultor de pedra merecem todo o respeito, pois a arte é o tributo do homem aos deuses. Cada ofício é sagrado e significativo.

Dia e noite o ar vibra com o que o compositor Colin McPhee descreveu como o som metálico do gamelão, uma chuva de prata. Durante o dia acontecem os ensaios para a noite. Entusiasmante, mexendo com cada célula, o tilintar do gamelão é como uma profusão de sinos. As flautas nostálgicas se sobressaem ao som metálico do *g'nder*, e o conjunto é pontuado pelo pulsar profundo dos gongos. A animação deriva dessa múltipla chuva de metal.

À noite, as aldeias se enchem de música. Cada uma tem a própria orquestra de tocadores de gamelão. Há danças nos hotéis, nos prédios comunitários das aldeias. Todos os nativos, desde a criança mais novinha até a avó mais idosa, vêm assistir. Para eles, é o maior prazer apreciar essas histórias recorrentes da mitologia indiana, lendas que sabem de cor. Assim como no teatro japonês, não é a história que os interessa, mas as variações na forma de representar, e eles vão e vêm como se a música e a dança fossem um acompanhamento para sua vida, não um espetáculo, natural como a brisa marinha, o murmúrio das árvores, o balanço pendular dos cipós das figueiras-da-índia.

As dançarinas vestem trajes bem justos feitos de lenços multicoloridos tecidos à mão, com fios dourados ou prateados. A maior parte do movimento é com as mãos, os braços e os pés. O corpo contribui ondulando, como uma onda, que arqueia as costas e projeta o tronco e os quadris para fora. Com um leque em cada mão, mantidos à altura das axilas, as dançarinas os agitam sem parar, insinuando as asas de beija-flor. Elas se abaixam e rodopiam, tocando o chão como andorinhas e deslocando a cabeça para os lados como se fossem separá-la do corpo. As cores dos sarongues, dos lenços e do adereço de cabeça são tão ricas que é preciso assistir à mesma dança várias vezes para compreender as camadas de texturas e combinações de tons.

Os adornos de cabeça das dançarinas são estruturas triangulares, às vezes pintados sobre madeira branca fina, noutras são feitos com filigrana dourada ou prateada, ou incrustados com ouro ou madrepérola, ou são um arranjo de flores de frangipani de um branco aveludado com um hibisco vermelho no meio. Nas aldeias pobres, eles recorrem a substitutos criativos. Certa vez, o pintor mexicano Covarrubias viu, na tiara de uma dançarina, uma propaganda com um globo amarelo flutuando indolentemente entre graus de latitude e longitude que, de longe, parecia muito decorativo.

Em Bali, a cor tem significado, assim como tudo o que os balineses usam. No Templo-Mãe, o preto é para Vishnu, o branco para Shiva e o vermelho para Brahma. Todo gesto com as mãos tem um significado simbólico. Os adereços de cabeça e ombros têm significado. O teatro de marionetes, tão querido dos balineses, é cheio de significado.

O teatro de sombras, magicamente poderoso, não só é o primeiro ancestral do teatro balinês, como é também a primeira expressão da crença balinesa na realidade do símbolo, e a primeira lição ensinada à criança sobre a realidade do símbolo. Seu significado é que a vida é um teatro de sombras, que o homem em si é uma sombra de Deus.

As marionetes são recortadas em couro de búfalo, em seguida são pintadas e endurecidas com cola. As hastes são feitas de chifre de búfalo e coloridas com sumo de plantas. O marionetista instala o teatro na aldeia e logo todos sabem que ele está lá. Ele se senta por trás de uma tela. Uma velha lamparina a óleo paira sobre ele, com luminosidade suficiente para criar as sombras desejadas. Garotinhos aprendizes sentam-se de pernas cruzadas em torno dele, prontos para lhe passar as marionetes de que vai precisando. Sua arte consiste não só em mover as marionetes de acordo com a história, como também em dar uma voz diferente a cada uma. A qualidade da voz é artificial e as entonações, muito semelhantes às do teatro japonês Nô.

Os balineses assistem a essas histórias por horas, algo que os ocidentais raramente conseguem.

É empolgante ver as sombras falando, lutando, voando, amando na languidez da noite balinesa, mas é ainda mais impressionante esconder-se atrás da tela e assistir à beleza das marionetes, suas fantasias elaboradas, os bordados, os ornamentos. Ver as crianças tão familiarizadas com os personagens a ponto de saberem o que vem a seguir; ver o homem sentado de pernas cruzadas como os contadores de histórias de antigamente, sob a lamparina bruxuleante, inflando o peito nas vozes mais fortes, encolhendo-o nas vozes femininas, é ser arrastado para séculos passados, para dentro das profundezas da Índia, de onde vieram a mitologia, a religião e o teatro balineses. Covarrubias, que viveu em Bali, enfatizou as cores desses eventos e os descreveu como "um espetáculo que teria deixado Diaghilev roxo de inveja".

Covarrubias sentiu que a qualidade mais encantadora dos balineses é a feliz combinação da simplicidade primitiva com a arte altamente refinada. Eles mantêm um contato íntimo com a terra, vivem praticamente ao ar livre, em moradias simples de palha, com paredes de bambu partido, esteiras frescas para dormir, usam artefatos típicos de uma cultura primitiva, ferramentas feitas de bambu, de madeira, cestos leves, mas fortes, vasilhames de barro para manter a água fresca, canos de bambu, bambu nos instrumentos, nos altares, nos chapéus de sol e nos leques. No entanto, nos rituais, danças e oferendas do templo, eles exibem uma arte em indumentária e decoração, em efeitos dramáticos, em cenografia, numa atmosfera teatral inigualável.

As cores, os perfumes, as danças, a música de Bali nos marcam porque penetram profundamente na nossa vida psíquica. É um dos estados poéticos que nos permitem viver, um privilégio, uma viagem através de um carma do êxtase não estendido ao homem ocidental, um êxtase resultante do trabalho compartilhado e da unidade simbólica com a natureza, com a religião e com outros seres humanos. Não poderíamos criar tudo isso, mas foi-nos dado como oferenda, talvez com a mensagem: "Não a corrompa".

# Porto Vila, Novas Hébridas*

A aproximação de uma ilha é sempre um reviver das expectativas de infância a respeito de ilhas. Com base em nossas leituras, ilhas significavam algo a ser descoberto, misterioso, isolado, desconhecido.

A história de Porto Vila, na ilha de Éfaté, puxa pela imaginação. De início, foi descoberta pelo capitão Cook, e mais tarde pelos catadores de madeira de sândalo. Os chineses pagavam muito caro por essa madeira perfumada, usada em cerimônias religiosas. A procura do sândalo foi algo como a corrida do ouro nos Estados Unidos até que, rapidamente, esgotaram-se as árvores de sândalo da ilha. Depois vieram os pescadores de baleias, os missionários, os colonizadores. Todos eles se expuseram ao canibalismo, pois os nativos da Melanésia eram ávidos por fontes de proteína.

Vista do avião, a vegetação tropical exibe variações infinitas de verde, desde o amarelo dourado ao tom mais fechado, e é difícil lembrar que seja descrita como uma ilha de cinzas e corais, sujeita à erosão marinha. É uma lembrança que traz um quê de beleza passageira à ilha, obrigando-nos a amá-la no presente.

---

* Extraído de *Travel & Leisure*, novembro de 1975.

No aeroporto, há duas filas na alfândega, cada uma tendo à frente um melanésio preto-azulado gigantesco, de uniforme tropical. Uma fila para os franceses, outra para os ingleses. Então, lembro-me que as Novas Hébridas são governadas em conjunto pela Inglaterra e pela França, em condomínio, a que os habitantes se referem como pandemônio.

A caminho do hotel, atravessando a floresta tropical, vemos as primeiras cortinas de cipós, uma imensa quantidade de samambaias, o pé de fruta-pão com suas folhas espatuladas, a figueira-da-índia, sempre presente nos contos de fadas, devido às raízes espalhadas, emaranhadas como mãos humanas gigantescas ou dedos compridos de bruxa, agarrando a terra, enroscando-se, invadindo, projetando em nossos sonhos sombras enormes e cipós que nos estrangulam.

Não há tantas flores quanto no Taiti, nem tantos pássaros ou animais, parece mais um oceano de folhas estriadas, algumas tão grandes como orelhas de elefante. A ilha emana tranquilidade, distanciamento. Ansiamos por distanciamento. Ela nos deixa bem longe das preocupações. A ilha nos isola do continente de nossas apreensões. Ali, estamos à deriva, em um mundo novo. A quietude acalma, a laguna é tranquila, com todas as tonalidades da opala.

Nas Novas Hébridas existem diversas versões de um mito que mostra como não desejavam ser uma ilha. Reza a lenda que Mauí, o herói que pescou a ilha, também pescou a Austrália, e que elas ainda estariam unidas caso sua linha de pescar não tivesse arrebentado.

O Hotel Le Lagon foi construído no melhor ponto da ilha, entre colinas ondulantes e uma linda lagoa protegida, cercada pela floresta tropical. Bangalôs separados, construídos como cabanas nativas, misturam-se ao marrom dos troncos das árvores, no meio da vegetação. Os telhados são de palha de folhas de palmeira, nas paredes, cana selvagem trançada, suportes de troncos de *kohu*, madeira exclusiva de Porto Vila. Disseram-me que eu poderia caminhar ao longo da praia de areia de coral fino, sombreada pelos galhos das casuarinas, até o Museu de Arte Oceânica*, fundado por Nicolai Michoutouchkine. Eu já havia sido apresentada a partes dessa impressionante coleção no Maeva Beach Hotel, no Taiti, e no Hotel Château Royal, em Numeá. Mas essas peças magníficas não combinam com saguões de hotel. Aqui, ao chegar pela praia, as esculturas surgem de repente, com quase quatro metros de altura, bem acima do jardim tropical de Michoutouchkine, escavadas em troncos imensos, fendidas até o meio para servirem de tambor e finalizadas com rostos de deuses poderosos no alto. Tornam-se presenças do passado impossíveis de serem apagadas da memória. A primeira impressão dessas esculturas dá à primeira parte da viagem um sabor das culturas antigas, o passado de homens que esculpiam deuses em árvores.

Ao lado de um grupo de deuses, entre árvores e arbustos, estão Michoutouchkine e Pilioko, os pintores mais famosos da região, conhecidos por suas obras e pela coleção reunida por Michoutouchkine com tanto amor e zelo. Pilioko veste um sarongue colorido, camisa e pulseiras de osso de tubarão. Ele é alto e esguio, com olhos enormes e doces, de feições marcantes. Suas obras mais recentes são tapeçarias com bordados de animais, pessoas, flores e árvores entrelaçados com um estilo mítico e abstrato muito próprio. Michoutchoukine usa uma túnica de chefe de tribo. Tem cabelo curto, olhos vivos e alegres,

---

* Da Oceania. (N.T.)

um sorriso caloroso e um corpo robusto que associamos a suas origens russas. Como os nativos, ele se deita ao poente e está de pé com o nascer do sol. Não precisa de telefone, de luz elétrica, de jornais ou de rádio. O conjunto de casas é simples e artístico. Uma delas, fechada e coberta, serve de moradia e ateliê para Pilioko; as restantes são construções abertas com teto de palha que abrigam a coleção, as pinturas e as tapeçarias. Conforme a coleção foi aumentando, novas instalações foram acrescentadas.

Pilioko é um polinésio da ilha de Wallis; dois outros rapazes, Joel e George, são das ilhas Salomão. Freddy é um menino da tribo dos "pequenos nambas" da ilha Malekula, nas Novas Hébridas. Eles preparam juntos um almoço polinésio, em um buraco perto de nós. Posso ver a fumaça saindo das pedras escaldantes.

Sinto dificuldade em me concentrar na coleção, de tão interessante que é a conversa com Nicolai e Pilioko. A presença de Pilioko é intensa, e Nicolai é eloquente. Deviam escrever um livro sobre Nicolai. Quando concluiu os estudos na Sorbonne, ele partiu sem um centavo para uma viagem que deveria levar seis meses (foi o primeiro a pedir carona, antes que se tornasse algo popular). Ficou fora por vinte anos. Andou pelo mundo todo, viajando com amor, sem ser um turista. Penetrou profundamente na vida de cada país, aprendendo a língua, pintando, esboçando, absorvendo, fazendo exposições. Começou a colecionar arte oceânica, chegando a reunir cinco mil peças, pesando doze toneladas, de um artesanato e uma arte que poderiam ter desaparecido por completo. Hoje, a maior parte dessa coleção é itinerante para que tenha o máximo de exposição junto aos povos do Pacífico Sul e de outras partes do mundo. Nicolai tem paixão pela arte e talento para a amizade. Ele pode ser perfeitamente descrito pela palavra francesa *formidable*. (Certa vez, ele convenceu a tripulação de um destróier francês a transportar objetos que ele havia recolhido em uma ilha distante, por milhares de quilômetros, até o Museu de Porto Vila.) Ele domina todas as línguas e dialetos das diversas tribos, o que muito o ajudou ao coletar materiais pelas ilhas do Pacífico Sul. Enquanto reunia as peças, ele também organizava exposições em praças e pátios de igreja dos pequenos povoados das ilhas. A reação dos nativos era surpreendente, fosse por conhecerem os artefatos expostos ou porque algum tipo de memória atávica permitia-lhes reagir aos símbolos de seus ancestrais aventureiros do Pacífico. Hoje, Michoutchoukine, compreendendo o entrelaçamento de raças e artes das diferentes ilhas, insiste na reunião dessa coleção como arte oceânica.

A coleção merece um estudo permanente. São obras artesanais notáveis de madeira, conchas, panos de tapa, fibra de coco. Máscaras, animais, pássaros, deuses esculpidos com esmero, e vê-se a mesma arte nos acessórios de pesca, instrumentos agrícolas, cestos, tecidos, pentes, colares, adereços de cabeça e armas. Cada objeto de uso prático é decorado, embelezado, enriquecido.

As próprias pinturas de Michoutouchkine são estudos intensos e arrojados de cabeças de nativos ou grupos de personagens em cores densas e difusas. Pilioko é chamado muito apropriadamente de Picasso da Oceania por ter extraído de sua origem polinésia uma essência decorativa, abstrata e moderna.

Os cômodos da habitação em si são um museu à parte. Pilioko pendurou nas paredes, no teto, no corrimão recordações das viagens deles: tapetes de prece do Tibet, lenços da

Índia, moedas, esteiras berberes, brincos portugueses, máscaras da Nova Guiné, panos do Tapa de Fiji, dentes de baleia, morcegos petrificados, colares de conchas. Num clímax de dramaticidade, Nicolai abre um baú contendo seus diários, um baú de tesouros suficientes para entreter mil e uma noites! Falamos sobre viagens, pessoas e arte. Ele descreve o museu que gostaria que a França construísse. Ofereceu toda a sua coleção e os terrenos que possui se eles erguerem o prédio. Sua preocupação é que um furacão possa danificar a estrutura frágil e exposta que hoje abriga a coleção.

O almoço está em andamento com aromas estranhos e fortes. O buraco foi coberto com pedras escaldantes e a água respingada sobre elas as faz fumegar. A comida, envolta em folhas de bananeira, cozinhou assim por três horas. Agora, as pedras são retiradas e a comida é desembrulhada e colocada em travessas de madeira talhadas a mão, com um metro e vinte de comprimento. As tigelas são levadas até a mesa comprida, de frente para o mar. Os pratos de madeira talhada têm formato de peixe ou tartaruga. Dentro das folhas de bananeira encontramos *poi*, taioba, fruta-pão, inhame, caranguejo e carne de porco. Passam uma tigela com molho de coco, a ser regado sobre toda a comida. Servem vinho. Antes do almoço, compartilhamos uma taça de prata com suco de limão e pisco do Peru; mais tarde ela será repassada com champanhe. Garotos de outras ilhas servem animados. Nicolai nos conta que, ao visitar tribos à procura de peças para sua coleção, o primeiro teste da genuinidade de sua amizade era comer com eles. Qualquer sombra de repulsa ou indiferença era sinal de inimizade. Certa vez, ele teve de comer panquecas feitas por uma velha com a pele toda escalavrada. Eles ficaram observando e ele não demonstrou nenhum nojo. Sabia que repartir a comida era símbolo de fraternidade.

Os nativos contaram a Nicolai: existem quatro tipos de pessoas que nos visitam, a saber: o administrador, o comerciante, o missionário e o etnógrafo. Nunca conhecemos alguém como você, que entra na nossa casa e age como um de nós. É capaz de comer da nossa comida, de dormir no chão, de se comportar como nós. Nossa impressão é de que você deve ser um dos nossos.

Quando Nicolai me leva para um passeio pela ilha, percebo que isso é verdade. Os nativos erguem suas cabanas mais para o interior, bem distantes da estrada. É possível não as avistar se não souber para onde olhar. Nicolai sabe e, de repente, ele se embrenha na mata e faz um sinal para mim. Ao me aproximar, vejo uma família melanésia completa sentada em torno de uma fogueira, onde a refeição está sendo preparada. Ele compra e me oferece um cesto que estava pendurado na cabana, por cima da fumaça. Ele é preto e guarda o aroma de muitos sabores.

Ele conhece suas canções: "Eu não ter ar".

Ele sabe como descrevem um sutiã: "Cesto da titi".

Ele sabe como chamam a serra do homem branco: "Alguma coisa homem branco tem eu pego você empurra e eu vou e você puxa e eu venho e ter pedaço de madeira".

Ele sabe como definir um piano em inglês pidgin: "Alguma coisa homem branco tem e eu pego dente branco e eu pego dente preto você mata eles e eu choro".

Ele conhece a "ruivinha", chamada de raposa voadora, que, na realidade, é um morcego. Ele se alimenta de frutas à noite e vira iguaria quando se alimenta de certas frutas.

Encontramos Toara e Tongariki, nativos de outras ilhas. Conhecemos um casal polinésio com os filhos, os mais bonitos de todos. O homem, alto e orgulhoso, a mulher, de delicadas feições orientais. Ele carrega uma foice e um cesto com folhas de bananeira trançadas, colhem frutas e taioba.

Vemos coqueiros de casca vermelha, um bando de borboletas alaranjadas, árvores tropicais em tom de laranja flamejante, pau-ferro e planta do tabaco, que contém um antídoto para envenenamento por peixe.

O mais encantador são as pequeninas barracas à beira da estrada, sem supervisão. Nessas barraquinhas com teto de palha, melões, bananas, mamões, fruta-pão, taioba, ovos frescos estão à venda com o preço marcado. O dinheiro deve ser colocado numa caixa. Antigamente, havia uma placa: "Não trapaceie, Deus está de olho".

A facilidade com que Nicolai entra em suas cabanas, brinca e ri com os nativos na língua deles, me faz compreender por que lhe confiam seus objetos mais sagrados.

Certo dia, às seis e meia da manhã, Nicolai vem me buscar, porque havia algo que eu precisava ver. No jardim do museu, aranhas diligentes teceram metros de teias das mais delicadas, cobrindo todos os arbustos. O sereno transformara as teias em fieiras de diamantes reluzentes sob os primeiros raios de sol. As teias são intrincadas, estendendo-se de um galho a outro, criando câmaras nesses castelos preciosos, labirintos, num cuidadoso entrelaçado de fios tecidos como renda, formando colares, pingentes, véus de noiva que logo desaparecerão com o calor do sol. Nicolai não quer que eu perca nenhuma das maravilhas de Porto Vila.

Toda vez que vejo as grandes estátuas-tambor, os troncos de árvore ocos e finalizados com rostos de deuses esculpidos e pintados, lembro-me do balé de Jerome Robbins *The Age of Anxiety*, quando os pais aparecem sobre pernas de pau incríveis e caminham pelo palco, exatamente como aqueles deuses antigos, para amedrontar e intimidar. Aqui eles se parecem mais com guardiões, de nariz adunco e olhos imensos esbugalhados, olhando-nos do alto enquanto posamos para as fotos. Fotografamos Pilioko e sua tapeçaria; Nicolai e sua pintura do coração da floresta; um pássaro incrível esculpido na madeira por um nativo, que não só expressa a investida rápida e cortante do voo, mas também carrega a cabeça de um homem cuja metade talhada sai de seu ventre; outro pássaro com rosto de homem.

Nicolai, artista e viajante do mundo, apequena-se para apresentar Porto Vila com uma ternura pelo lugar mais contagiosa do que qualquer descrição feita por jornalistas, críticos de arte ou literatos. Ele nunca está distante daquilo que me mostra. Certa manhã, leva-me bem cedo ao mercado, antes que o sol esquente muito. Lá, sob as árvores que ladeiam a estrada principal, as mulheres nativas chegam para expor suas mercadorias. Sobre as esteiras, as conchas mais lindas e das formas mais estranhas. Cascas de coco transformadas em copos. Frutas e flores arranjadas como se fossem cores para uma pintura, compostas, empilhadas, com certo senso estético. As flores são arrumadas com a arte de um Matisse ou um florista japonês. Os caranguejos amarrados espumam de raiva. As mulheres usam pareôs curtos com estampas floridas e vibrantes, as cores se misturam às das flores, dos vegetais e das frutas. Seus músculos estão relaxados como os das dançarinas prontas para gingar e se movimentam com leveza mesmo quando são gordas. Sentam-se debaixo de sombrinhas. Usam faixas na testa, semelhantes às usadas pelos índios norte-americanos. As mulheres muito idosas não definham, elas envelhecem como os entalhes na madeira, a pele vincada e enrugada, mas com as feições preservadas, moldadas com dignidade. Muitas enfiam conchas, montando colares para vender, colares que, como no Taiti e no Havaí, funcionam como demonstração de boas-vindas, de acolhimento e amizade. Nicolai faz compras, carregando um cesto feito com folhas de palmeira verde-claras, artisticamente entrelaçadas, com uma alça de fibra de coco trançada para reforçar.

Mais uma vez, para me oferecer um gostinho especial da ilha, Nicolai me leva ao melhor restaurante de frutos do mar, o Houstalet. A melhor seleção de frutos do mar é servida numa imensa travessa. Uma das especialidades é o patê de fígado de caranguejo com coco, delicado como o de *fois gras*. A refeição termina com um drinque especial, calvados de maçã com hortelã, inventado por Michoutouchkine.

Ouço os planos dele para o Museu de Arte Oceânica. Despeço-me, desejando que o museu seja logo construído, para que possam conhecer Porto Vila como uma cidade charmosa, moderna, pouco habitada, numa ilha tropical, bem como uma viagem ao passado da Oceania.

A maior sorte numa viagem é conhecer alguém imerso na vida de um lugar, que o ama e vive em íntima comunhão com seus habitantes. Nicolai me ofereceu a ilha secreta de *Éfaté*, onde, de outra forma, os nativos tímidos e reservados não teriam sorrido para mim. Em sua língua nativa, *Kousurata* significa viajar, vagar. É uma honra que, depois de todas as suas andanças, Michoutouchkine tenha escolhido ficar e fincar raízes em Porto Vila.

## As andorinhas nunca abandonam Numeá*

Do avião, percebe-se primeiro o contorno suave de ilhazinhas que parecem flutuar ao longo da costa da Nova Caledônia, e surge a lembrança dos desejos nostálgicos da juventude por ilhas desertas. Em seguida, algumas ilhas não são mais verdes, e sim atóis azuis, parte da barreira de recifes que cria as lagunas e protege a vida submarina. No entanto, esses recifes de coral só podem viver perto da superfície, então o que se vê sob o avião é um tapete de opalas, lápis-lazúlis, turquesas, de tamanha beleza que, supostamente, um artista teria desistido de pintar depois de vê-las. Parecem manchas de tinta artisticamente distribuídas, em todas as cores do mar e do céu, acrescidas de uma transparência cintilante de joias.

A nostalgia por ilhas desertas é preenchida pela abundância de praias vazias, acessíveis apenas de barco, onde os amantes da pesca podem aportar, assar os peixes e comê-los com a liberdade de um Robinson Crusoé.

Saindo do aeroporto, destacam-se novas e estranhas espécies de árvores, bosques de niaouli (tipo de eucalipto cuja casca é usada nas choupanas dos nativos) parecendo gigantes

---
* Extraído de *Westways*, janeiro de 1976.

grotescos acinzentados, e pinheiros de Cook, tão amados pelo capitão Cook e cujos troncos retilíneos, muitas vezes com mais de trinta metros de altura, ele usava para substituir os mastros do seu veleiro. A Nova Caledônia foi descoberta pelo capitão Cook. Ela o fazia lembrar sua terra natal, a Escócia, daí tê-la chamado de Nova Escócia. Mas, na paisagem, só vejo uma suavidade de contornos, montanhas ondulantes, que os melanésios chamam de Numeá, nome que cai tão bem a essa capital.

Ao chegar ao moderno Hotel Château Royal, tem início o paradoxo que aguça os sentidos. No saguão do hotel, exposições de arte oceânica, pertencentes à coleção de Nicolai Michoutouchkine. Imagens escuras, imponentes e assustadoras esculpidas em troncos de árvores, às vezes em raízes de figueira-da-índia. Deuses primitivos, com mais de três metros de altura, dominando o saguão, marcando a presença de uma arte nativa. Cercando tudo isso, um local de férias, alegre, ensolarado, vigoroso, parecendo uma Riviera despovoada. Estamos em território francês a milhares de quilômetros da França, mas aqui encontramos a cozinha sofisticada, os perfumes, as roupas chiques de lá e livros franceses. No hotel, sob o olhar dos deuses, posso levar uma vida de Riviera, à beira-mar.

A ilha inteira é cercada por uma imensa barreira de recifes de corais, onde a prática do mergulho submarino é cheia de surpresas e tesouros. Viagens curtas em barcos com fundo de vidro são para aqueles que gostam de fazer esses mergulhos na superfície. Numa dessas viagens, um capitão francês encantador passa por ilhas flutuantes (que evocam uma sobremesa de infância, *îles flottantes*) até uma ilha deserta minúscula na entrada do porto, onde nos oferecem um almoço, tipo piquenique francês, com peixe assado na grelha. Há na ilha um farol impressionante enviado por Napoleão (alguns dizem que foi por engano para Port de France, em Numeá, em vez de Fort de France, do outro lado do mundo, na Martinica).

Numeá é um contraste do velho com o novo. Casas e prédios modernos erguem-se perto de vestígios das primeiras expressões da arquitetura colonial francesa, desde casinhas de operários de madeira clara e telhados vermelhos pontudos de zinco, encimados pelo para-raios francês até mansões coloniais clássicas.

É um ciclo prazeroso passar da cidade moderna – onde o ar é puríssimo, o frescor é entusiasmante, as colinas pontilhadas com pequenas *villas* brancas muito bem cuidadas, construídas graças à exploração do níquel, que também encheu os vários pequenos portos de embarcações de todo tipo e formato –, para a vida fascinante no fundo do mar. É possível ir a pé do Hotel Château Royal até o aquário.

O aquário é hoje único no mundo. Foi construído há dezessete anos por dois biólogos marinhos (com recursos próprios), dr. Catala e sua mulher, dra. Catala-Stucki. Eles foram atraídos para Numeá pela abundância e variedade de peixes tropicais e dos corais nas lagunas protegidas pela grande barreira de recifes. Aqui, os peixes, os corais e outros espécimes de vida marinha são mantidos na mesma água de origem, em um meio ambiente totalmente natural (nada nos tanques é inanimado). A vida marinha tem vida mais longa nesse meio ambiente (alguns peixes estão no aquário há dezessete anos), o que permitiu que os Catalas fizessem estudos de longa duração. Num desses estudos, eles descobriram a fluorescência dos corais de águas profundas, revelando um mundo desconhecido, um mundo que encabula joalheiros. Sob a luz ultravioleta, os corais, que, em geral, só se abrem à noite para se alimentar, podem ser observados em sua misteriosa fluorescência, ao desdobrarem e estenderem os tentáculos em busca de alimento. Antigamente, o conhecimento da vida marinha em seu ambiente natural era privilégio dos mergulhadores de águas profundas. Agora, os cientistas podem fazer estudos detalhados sobre os corais, até assistir um coral devorando outro quando falta espaço, ou observar os corais se deslocarem de um lugar para outro. A princípio, alguns cientistas questionaram isso e o dr. Catala os convidou para virem ver. Ninguém sabia que os corais pesavam menos no mar devido a seus bolsões esponjosos cheios de ar. Alguns corais são como flores nunca vistas, pulsando. Outros se apresentam com diamantes e pérolas minúsculas. Outros ainda, são como plumas brancas encaracoladas ou como pétalas alvíssimas incrustadas de opalas e ametistas. Alguns são formas redondas de pontas eriçadas com cinco olhos prateados e um vermelho. O coral chifre-de-veado é branco como giz e tem as extremidades pretas, o coral cogumelo é forrado de verde-claro. Todos se alimentam de plâncton numa dança graciosa e constante, com ondulações quase imperceptíveis.

 Os corajosos Catala trouxeram todos esses tesouros à superfície para nós, vencendo muitos obstáculos. Ao procurarem pelos corais nas profundezas no mar, os mergulhadores enfrentam águas tão escuras e turvas que muitas vezes não encontram o cesto em que carregam os espécimes, ou os corais morrem com a movimentação ou os mergulhadores são picados por pólipos venenosos. "Todos esses recifes", afirma o dr. Catala, "abrigam uma fauna e uma flora submarinas exuberante e variada. É onde se revela o encantamento dos jardins de corais. [...] No mundo dos corais, tudo é vida e movimento, luz e cor".

Voltamos à luminosidade de uma eterna primavera – as andorinhas nunca abandonam Numeá –, às lagunas e portos, repletos de barcos ondulantes, como os canais de Veneza com o balanço das gôndolas; às estradas sinuosas circundando as baías, ladeadas de árvores, desertas. As árvores descem até a praia. Quatro velhos jogam petanca, como fazem no sul da França. As poucas nuvens de fumaça alaranjada produzidas pela fábrica de níquel são levadas pelos ventos do leste.

Há muito tempo, os comerciantes vieram para cá à procura de madeira de sândalo, em seguida vieram os caçadores de baleia e depois os missionários. Por último, a França deportou seus presos políticos para a ilha. Um motorista de táxi lembra que, em sua infância, homens embrulhados em cobertores perambulavam pela ilha, à procura de trabalho ou, principalmente, de uma família a quem pudessem se agregar para trabalhar, conviver e receber o calor da família e dos filhos, perdidos com o exílio. Ele se lembra de ter sido muito mimado pelos prisioneiros, de como construíram para ele uma cabana de brinquedo. Foram eles também que construíram a catedral e outros prédios públicos.

Da mesma forma como percebemos em Numeá três cheiros distintos vindos do alto-mar, das lagunas e dos portos, há ali também três formas de vida: a vida ao ar livre, com natação, vela e outros esportes; a vida marinha, infinitamente fascinante; e a arte oceânica, à mostra no museu. Aqui nos damos conta de que a Nova Caledônia é uma terra misteriosa, com grande parte dela inexplorada. Seus petróglifos sequer foram decifrados.

É através da arte local que ficamos conhecendo um povo que não perdeu o sentido da beleza como aconteceu com a cultura ocidental. Nossos para-raios são sempre simples, parecendo antenas. Para os melanésios, as ponteiras esguias de madeira esculpida no alto de suas choupanas tornam-se símbolos extraordinários de entidades protetoras, velhos sábios estilizados, sugerindo compaixão e bênção. Máscaras de madeira e penas representam o chefe espiritual. Ferramentas, machados, moedas, clavas, pirogas, pratos, colheres, facas são todos objetos a serem decorados, pintados, esculpidos, às vezes incrustados de madrepérola. Há uma caixa repleta de pedras mágicas com formas sugestivas: pedras fálicas para afrodisíacos, pedras semelhantes a um útero, para a fertilidade, pedras capazes de trazer sol ou chuva ou de auxiliar na navegação, outras demoníacas, perigosas, que provocam ciclones, doenças, morte. Pedras grandes são amarradas na extremidade de uma clava formando um quebra-cabeça. Os melanésios possuem um talento para se vestirem com produtos naturais como saias de juta ou pano do Tapa feito com raízes de figueira-da-índia ou casca de amoreira. As pontas das lanças de guerra são esculpidas em ossos humanos. Pratos de madeira são entalhados com forma de peixe ou tartaruga, todos eles feitos sem o uso das ferramentas que conhecemos. O jade é afiado para servir de machadinha.

 A arte nativa provoca a vontade de fazer uma excursão de três dias pela ilha, com o taxista J. Bizen, que dirigiu caminhão por vinte anos, abastecendo as aldeias mais distantes com alimentos em geral e que conhece todas as tribos e os chefes das tribos.

 No hotel, os arranjos de frutas e flores lembram os dos japoneses. Em cada quarto, há uma tapeçaria bordada por Ali

Pilioko, o artista polinésio hoje reconhecido por sua pintura, seus esboços, seus trabalhos de agulha no estilo primitivo de um Picasso oceânico. Há também murais de Michoutouchkine, o renomado pintor e colecionador de arte oceânica. Duas mulheres se destacam como símbolos dos diversos aspectos da Nova Caledônia. Uma é a dra. Catala-Stucki (o marido faz questão que ela use o nome de solteira junto ao dele), a bela, firme e dinâmica mulher do dr. Catala e também sua colaboradora na criação do aquário. Ela é oceanógrafa, cientista e mergulhadora de águas profundas. Participou das expedições submarinas mais perigosas em busca de corais e peixes. Agora, já na faixa dos sessenta anos, ela ainda mergulha diariamente em busca do alimento marinho necessário aos peixes do aquário. Ela irradia paixão pelo seu trabalho, pelas conquistas mútuas, realizadas à custa de muita energia e dedicação pessoal. Muito já foi escrito sobre esse casal notável, mas as descrições mais precisas e memoráveis do trabalho da dra. Catala-Stucki estão no livro do próprio marido, *Carnaval sur la mer* [Carnaval sobre o mar]. Ele tem um dom para descrever e um senso de humor sobre a vida marinha típicos, ao mesmo tempo, de um artista, um poeta e um cientista.

A outra mulher é Janine Tabuteau, mulher do diretor de turismo em Numeá. Ela simboliza a mistura de raças, que antevê o futuro de um mundo que hoje é capaz de se desenraizar, deslocar e concentrar a essência e a qualidade de muitas culturas numa única pessoa. Janine é francesa, indonésia, chinesa e russa. A princípio, ela não apreciou essa beleza exótica resultante, os conflitos que deram profundidade ao seu caráter. Aos dezessete anos, quando foi para Paris, pediu ao cabeleireiro que cortasse seus cabelos exuberantes, compridos e pretos, "como o das outras", ao que ele se recusou. Todos a pressionavam para aceitar sua aparência distinta, uma mistura de discrição e dinamismo moderno. Ela aprendeu a cozinhar pratos chineses sofisticados, a aceitar sua beleza singular, a gerenciar uma empresa de materiais de construção, a considerar arquitetura e decoração como extensões dessa empresa. É estranho vê-la como executiva, por trás de uma mesa de trabalho, com a voz suave de indonésia, seu poder de organização francês. À noite, ela volta para casa, veste uma saia indonésia e prepara um jantar incrível para os amigos. De alguma forma, sinto que ela sinaliza o futuro, a possibilidade de permanecer uma mulher exótica, diferente de qualquer outra, e ainda assim participando ativamente do mundo empresarial moderno.

Para além dos recifes de coral, a uma hora e meia de Numeá, fica a Ilha dos Pinheiros, uma ilha vulcânica erodida pelo mar. O mar entre as duas ilhas é pontilhado de atóis e recifes isolados, em formato de anel ou de um crescente, cercando lagunas. O hotel, Relais de Kanumera, com sua arquitetura nativa atraente, ergue-se sobre a laguna. Bangalôs isolados se espalham por entre as fantásticas árvores *buni* em formato de sombrinha. Do hotel, é possível avistar uma ilhazinha vulcânica, com vegetação abundante em forma de cesta, cuja base é escavada pelo mar. As crianças nativas mergulham a partir dela. À noite, a ilha parece um navio, noutros momentos, a vegetação a faz lembrar uma escova de cabelo.

O notável chef do hotel cozinha numa instalação aberta, e sua grelha é um gigantesco buraco do lado de fora. É estranho que, tão longe de Paris, encontremos a cozinha francesa clássica, mas o chef acrescenta suas criações tropicais, como o mamão com creme ao forno.

Na Ilha dos Pinheiros há uma flora nunca vista no mundo. Ela também foi invadida pelos comerciantes de sândalo, os caçadores de baleias e os missionários. Os missionários católicos franceses ali se estabeleceram, e hoje, aos domingos, toda a população da ilha minúscula vai à igreja. Aqui, observando as mulheres, percebo a grande variedade dos pareôs curtos, estampados com flores, folhas e frutas em cores vivas. Algumas usam faixas na testa à semelhança dos índios norte-americanos. Ao lado da igreja, ergue-se solitário um gigantesco pinheiro Cook, incrivelmente alto e retilíneo, imponente como uma catedral.

Quando descobriram que os presos políticos podiam desaparecer dentro das vastas florestas da Nova Caledônia, eles foram transferidos para a minúscula Ilha dos Pinheiros. Agora, a prisão é escondida da estrada, por trás de um bosque de acácias quase impenetrável, e é cercada por um muro alto de pedra, semidestruído. A própria prisão, lúgubre e repulsiva, está parcialmente em ruínas. Os telhados se foram, mas não as correntes pesadas presas nas paredes, nem a fileira tripla de barras de ferro nas janelas. Os homens ali aprisionados eram os *Communards,* que se haviam rebelado contra os parcos salários e a vida dura dos trabalhadores. Em 1870, eles tomaram Paris por três dias e depois foram executados ou presos.

No ônibus que faz um circuito pela ilha, um velho francês nos acompanha. Seu avô paterno fora um dos *Communards,* que conseguira escapar para a Bretanha e ali recomeçou a vida. Mas outro parente não conseguira o mesmo e, ao pararmos perto do monumento erguido pelos prisioneiros em homenagem aos irmãos mortos, o velho francês lê os nomes gravados numa pedra e se emociona com o sobrenome de sua família.

Dentre os prisioneiros mortos na ilha, houve mulheres, crianças e aqueles que procuraram escapar construindo um barco e afundaram nos recifes de coral. Mais tarde, caminhando pela praia, famosa pela areia mais branca do mundo, vejo a lateral de um barco aparecendo na areia e penso nos prisioneiros que tentaram escapar.

Passado algum tempo depois de visitar a prisão, uma dor me assombra quanto a esse lugar, mais opressor ainda quando o céu, que aparece através das pequenas janelas gradeadas, é tropical, o cheiro da lagoa está tão próximo, as areias brancas como farinha, tão macias para caminhar, e as flores, as samambaias e os arbustos tropicais abundam, repletos de sol.

Procuramos por árvores de sândalo, mas não encontramos nenhuma na ilha. O sândalo era especialmente apreciado pelos chineses para suas cerimônias religiosas. Para extrair o óleo, os primeiros comerciantes extirpavam os corações das árvores, destruíam-nas e seguiam em frente.

O mergulho submarino revela outro mundo, de beleza fantástica: estrelas do mar vermelhas, pretas e azuis; corais em forma de cogumelo; corais-cérebro salpicados com pontinhos violetas como flores; "flores" de madrepérola em forma de concha, transparentes e flutuando sobre um tronco como se feitas de seda; um peixe vermelho-rubi; o peixe ídolo mourisco, com uma barbatana dorsal mais larga do que seu corpo, lembrando uma vela de barco ou asa de passarinho; peixes pretos, cada um com duas manchas brancas; um peixe preto aveludado com listras brancas, chamado de peixe zebra; outro com rabo preto e cabeça marrom ornada com laranja brilhante; outros com colares turquesa. As cores são fosforescentes, transparentes, parecendo joias. Os peixes se escondem entre os corais e nas muitas cavernas formadas pela ação do mar na rocha vulcânica.

Na superfície, deslizam belas pirogas, pintadas, escavadas em troncos, com estabilizadores e velas. Os nativos melanésios têm o físico forte e os mesmo pés sólidos dos polinésios taitianos de Gauguin.

A ilha é pontilhada de cavernas e grutas, formadas dentro das profundezas vulcânicas e repletas das conhecidas estalactites e estalagmites. Bem no fundo da Gruta Kouaoute existe uma abertura por onde a luz do sol incide como uma auréola sobre a cabeça dos santos nas pinturas bíblicas. Seguindo essa cascata de luz, encontram-se raízes de figueiras-da-índia, caindo como escadas por seis metros, lançando grandes tentáculos brancos por mais de quinze metros pelo chão da caverna à procura de água. Aqui, em uma saliência exposta à luz pálida vinda de cima, os nativos costumavam colocar os crânios de seus mortos. Eles acreditavam que somente o crânio deveria ser preservado. Antigamente, todas as cavernas eram cemitérios.

É difícil esquecer os prisioneiros que construíram as estradas por onde passamos. Mas e os que foram perdoados e retornaram à França, será que guardaram na lembrança as lagunas, as areias brancas deslumbrantes, as acácias emaranhadas, as extensões de samambaias, as ilhas flutuantes na Baía do Ouro, o perfume do sândalo, as pirogas tranquilas carregando cocos? E as grutas, como as cavernas dos nossos sonhos?

# Minha avó turca*

Em um voo da Air France para Nova York, passando por Paris, o avião se chocou com um bando de gaivotas e tivemos de parar em Atenas. A princípio, nos sentamos à espera de informações, sempre de olho no avião. As poucas notícias eram vagas. Alguns passageiros ficaram ansiosos, temendo perder suas conexões. A Air France nos ofereceu jantar com vinho, mas, em seguida, não havia mais assentos disponíveis. Então, sentei-me no chão, de pernas cruzadas, perto de um casal de hippies encantador com quem fizera amizade durante a viagem. Ele era músico e ela, pintora. Estavam viajando pela Europa de carona e mochila nas costas. Ela era magra e de aspecto frágil, e não me surpreendi quando ele reclamou que a mochila dela estava cheia de vitaminas. Estávamos ali sentados, conversando sobre livros, filmes, música, quando uma mulher muito idosa se aproximou. Ela parecia minha avó espanhola. Toda vestida de preto, velha, mas ereta. Seu rosto parecia talhado na madeira, as rugas lembrando veios. Ela me entregou uma carta retirada de uma bolsa turca de tecido que trazia em volta do pescoço. A carta estava escrita em um francês impecável. Era um pedido de sua filha para que

---

* Extraído do diário de Anaïs Nin.

ajudassem sua mãe turca da melhor forma possível. A filha ia receber o diploma de doutorado em medicina pela Sorbonne e não tinha como buscar a mãe para a cerimônia, e, então, a havia confiado aos cuidados da Air France. Li a carta e a traduzi para os amigos hippies. Ainda que não conseguíssemos falar com a velha senhora, ficou evidente que havia uma forte e calorosa simpatia entre nós quatro. Ela queria sentar-se conosco. Abrimos um espaço, e ela me estendeu a mão velha e enrugada para segurá-la. Estava ansiosa, sem saber o que tinha acontecido, e havia percebido que iria perder o compromisso em Paris. Procuramos por um passageiro turco que pudesse traduzir e explicar-lhe o atraso. Não havia nenhum, mas encontramos uma comissária de bordo da Air France que falava um pouco de turco. Achamos que a velha senhora preferiria ficar com a comissária, mas tão logo ela recebeu a mensagem, voltou a se sentar conosco. E nos adotou. Horas se passaram. Fomos avisados de que o avião não seria consertado e que a companhia aérea nos oferecia algumas horas de sono em um hotel não muito distante, para estarmos prontos para um voo bem cedo em outro avião. Então, nós quatro fomos colocados num táxi, o que causou tamanha ansiedade na minha avó turca que ela não soltou mais a minha mão. Mas era uma ansiedade que sempre era aplacada quando ela olhava para as feições delicadas e os olhos doces da jovem pintora, para o sorriso e a gentileza estampados no rosto do músico, quando ouvia minhas palavras de ânimo em francês, que ela não compreendia. No hotel, ela não quis ficar sozinha no quarto, então deixei as portas de conexão abertas e expliquei-lhe que estaria ali, bem perto. Ela considerou aquilo por uns momentos e, finalmente, concordou em deitar na sua cama. Algumas horas mais tarde, fomos chamados para tomar o avião. Devido à troca de avião que eu deveria fazer em Paris, não teria como levá-la até a casa da filha. Era preciso achar alguém que o fizesse. Perguntando aos passageiros, encontrei uma mulher que prometeu levá-la de táxi ao endereço da carta. Ela ficou agarrada à minha mão até o último minuto. Então, beijou-me toda cerimoniosa, beijou meus amigos hippies e seguiu seu caminho. Pelo fato de ter conhecido sua aldeia de pescadores, eu conseguia imaginar sua casinha de pedra, o marido pescador, a filha enviada a Paris para estudar medicina e agora conquistando o elevado status de doutora. Será que ela chegou a tempo para uma cerimônia que teria de ser traduzida para ela? Sei que ela chegou sã e salva. Protegidas por netinhos do mundo inteiro, avós turcas sempre viajam com toda segurança.

lepmeditores

**www.lpm.com.br**
o site que conta tudo

Impresso na Gráfica BMF
2023